新・リーダー論

大格差時代のインテリジェンス

池上 彰・佐藤 優

文春新書

1096

はじめに

佐藤優氏との文春新書は、これが三冊目となりました。一冊目は二〇一四年秋。自称「イスラム国」の急激な勢力拡大を見ながら、現代の戦争について語り合いました。題して『新・戦争論』です。

二冊目は二〇一五年秋。欧州への大量の難民流入など現代のさまざまなニュースを世界史の観点で分析することの必要性を語りました。これが『大世界史』でした。

その後も激動する世界。その中では政治指導者たちの力量・技量が注目されます。そこで三冊目は『新・リーダー論』としました。優れたリーダーが出にくくなった現代だからこそ、私たちは新たなリーダーの到来を待ち望んでしまうからです。

それはまるでユダヤの民をエジプトから救出したモーゼの再来を願うようなものかも知れません。

それは〝ないものねだり〟かも知れません。あるいは、とても危険を伴うものかも知れません。現代版のヒトラーを招き寄せることになるかも知れないからです。

それでも人々はリーダーを求めます。間違えることのない指導者に率いられることになれば、将来への不安は解消されるからです。

では、現代に求められるリーダーとは、どのような資質を持っていることが必要なのでしょうか。世界を見渡すと、理想の指導者ではなく、反面教師としての存在が目につきます。ロシアのプーチン大統領であり、トルコのエルドアン大統領であり、北朝鮮の金正恩委員長の名前を挙げれば、納得でしょう。

プーチン大統領は、自身の政権基盤を固めて、かつてのロシア帝国の再興を狙っています。大統領を批判するジャーナリストは、次々と殺害されています。いまのロシアには「言論の自由」はありますが、「発言の責任」は取らなければならないのです。

一方、トルコのエルドアン大統領は、クーデタ未遂事件の後、急速に独裁化を強めています。こちらの夢（野望）はオスマン帝国の再興です。エルドアンに従わない公務員や教員の大量追放が進んでいます。その手際の良さは、事前に周到に準備されていたとしか思えません。軍によるクーデタが発生しなくても、いずれエルドアンによる逆クーデタが起きていたかも知れません。

プーチンもエルドアンも、自国の国民からの支持率は高く、「強い指導者」像を自己プロデュースすることに成功しています。

自分自身の力で国民の支持を得られない独裁者は、外部に敵を作り出します。歴代の北朝鮮政権は、アメリカを敵視し、「アメリカが攻撃してくる」と国民を脅すことで統一を図ってきました。金正恩委員長は、自国内の〝裏切者〟の処刑を進めることで、政権の強化を進めようとしたのですが、かえって支配層の動揺をもたらし、高い地位の人間の離反を招いています。指導者がやってはいけないことリストを提示するとすれば、彼の施策の多くが、ここに入るでしょう。

さらにアメリカでは、ドナルド・トランプ氏が共和党の大統領候補にまで上り詰めました。トランプ氏を理想の指導者と考える層が、アメリカには一定数いるのです。

トランプ現象とは、果たしてどのようなものなのか。少数派に転落しそうな白人層の焦りの表われなのか。それともアメリカ国内での新しい戦争の一形態なのか。

本書では、そのほか英国のＥＵ離脱をめぐる国民投票や、パナマ文書、核拡散をめぐる動きについても佐藤氏と対談しました。

それにつけても佐藤氏の情報力と分析力には驚かされます。聞いているうちに自分のインテリジェンス能力も高まっていく気になってしまいます。あなたも私と共に、至福の時間をお過ごしください。

二〇一六年九月

ジャーナリスト
池上　彰

新・リーダー論——大格差時代のインテリジェンス◎目次

2　独裁者たちのリーダー論――プーチン・エルドアン・金正恩　45

3　トランプを生み出したもの――米国大統領選1　69

4 エリートVS大衆――米国大統領選2 95

9 リーダーはいかに育つか？ 207

1

リーダー不在の時代

――新自由主義とポピュリズム――

サルコジの否定性が、
人々の心を引きつけたのだ。
強い者への敬意、弱者への軽蔑、金銭への愛、
不平等への欲求、攻撃の欲望……

エマニュエル・トッド

■新自由主義と民主主義の機能不全

池上　これまで佐藤さんと出した二作のテーマは、「新・戦争論」と「大世界史」でした。今回のテーマは、「新・リーダー論」です。

佐藤　「どのような人物がリーダーにふさわしいのか？」「どのような能力、資質がリーダーに不可欠か？」「組織を引っ張っていく上でリーダーにはどのような心構えが求められるか？」「われわれはリーダーにふさわしい人物をどう見極め、どう選ぶべきか？」といったことを考え、論じるのがリーダー論ですが、実は、今日、リーダー論を語るのは、とても難しい。

池上　どの先進国でも、大衆迎合型のポピュリズムが勢いづいています。英国EU離脱にしても、米国大統領選での共和党候補トランプの躍進にしても、フィリピンのドゥテルテ大統領誕生にしても、社会の指導者層、エリート層に対する大衆の不満が爆発した結果と言えます。つまり、従来のリーダーやエリートのあり方それ自体が問われているのが、今日の状況です。

逆に、リーダーやエリートの現在のあり方を見たり、その理想像を考えることで、先行きの見えない今日の世界のどこに問題があるかが見えてくるように思います。リーダー論は、現代世界を理解する上での鍵となると思います。

佐藤　今日、エリートやリーダーのあり方が以前と大きく変わってきているのは、経済のグローバル化、すなわち新自由主義の浸透と深く関係しています。格差が拡大し、階層が固定化していくなかで、エリートと国民の間の信頼関係が崩れ、民主主義がうまく機能していないのです。

民主主義は、世界中で機能不全に陥っています。ところが、民主主義に代わる制度は見つからない。

池上　「民主主義は最悪の政治体制であるらしい。ただし、これまでに試みられた民主主義以外のすべての政治体制を除けば、という話であるが」と、英国のチャーチルが述べたように、民主主義に問題があるとしても、民主主義に代わる政治体制は存在しません。

■民主主義を迂回する仕組み

佐藤　たとえば、民主主義が機能不全に陥っている状況を受けて、民主主義を迂回するさまざまな形態が生まれています。その一つが「諮問会議」です。

日本では、小泉政権の頃から「経済財政諮問会議」が政策決定に大きく関与するようになりました。こうした位置づけの曖昧な会議で、重要な政策の中身が決定されているのです。これでは、「民主的な手続きに則っている」とは言えません。

二〇一六年八月初めにも、臨時閣議で、「アベノミクスを再起動させるため」として「事業規模二八兆円」の経済対策が決定されましたが、中身のほとんどは、経済財政諮問会議で決められたようで、どこで何がどのように決定されたのか、極めて不透明です。二〇四五年とされていた名古屋—大阪間のリニア新幹線開業を前倒しする政策も盛り込まれていますが、これは「国策」に関わる問題で、本来、選挙の洗礼を受けた人々が議論した上で決定すべきです。

■「生前退位」報道で問われた新聞の倫理

佐藤　今上天皇の「生前退位」をめぐっては、二〇一六年七月一三日夜にメディアで第一報が流れ、その後、八月八日に「象徴としてのお務めについての天皇陛下のおことば」が正式に表明されましたが、第一報の流れ方が、報道のあり方として首を傾げざるを得ないものでした。

七月一三日の夜に、突如、ＮＨＫが「天皇陛下の生前退位」のニュースを流し、翌日の各紙朝刊も一面で伝えましたが、宮内庁のトップが即座に報道内容を否定しました。しかし、この食い違いを誰も問題にしない。民主主義国として、まったくおかしな話です。

池上　ＮＨＫの報道について、宮内庁の山本信一郎次長が、その日のうちに「報道されたような事実は一切ない」と答えています。「宮内庁として生前退位の検討をしているか」という記者の質問に対しては、「その大前提となる（天皇陛下の）お気持ちがないわけだから、検討していません」と。さらに「（天皇陛下は）制度的なことについては憲法上のお立場からお話をこれまで差し控えてこられた」と明言し、宮内庁の風岡典之長官も取材に対し、「次長が言ったことがすべて」と答えています。

佐藤　にもかかわらず、翌日の各紙は、「天皇には退位のご意向がある」と一面で報じました。もしそう報じるのであれば、ニュースソースを明示しなければなりません。それを明示せずに、単に「宮内庁関係者」としているのです。

池上　宮内庁の次長と長官が述べていることを「宮内庁関係者」が真っ向から否定している、ということになるわけですね。

佐藤　そうです。ですから報道のあり方として完全におかしいのです。

宮内庁は国家機関です。国家機関は一体であるべきで、その最高責任者が否定していることを報じるなら、情報源の明示が「宮内庁関係者」という匿名では、国民の真実を知る権利に応えていません。

私はここで新聞の倫理が問われたと思います。記者たちはニュースソースを知っているからです。

宮内庁長官が「ノーコメント」とか「公には申し上げられません」とか述べているのならよいですが、「そのような事実はない」と明確に否定していることを情報源を明示せずに「ある」と報じる。そのことに誰も違和感を覚えない。これでは、マスコミが政府に対し、「ウソをついても構わないんですよ」と、虚偽発表を許しているのと同じです。

池上　国民の知る権利は、民主主義の根幹ですからね。国民に真実を伝えるメディアなしに、民主主義は機能しません。マスコミとして、情報源を秘匿しなければなりませんが、宮内庁の虚偽発表を不問に付してはいけないでしょうね。宮内庁は、「天皇が生前退位を希望している」と明言すると、天皇が法律改正を求めているということになると心配したのでしょうが、虚偽発表になってはいけません。

■リーダー論が成り立たない時代

池上　世界的に見ても、民主主義は岐路に立っているようです。各地で「強いリーダー」を求める声が高まっています。米国の大統領選でのトランプ旋風はその典型でしょう。

佐藤　ドイツ語で言えば、「フューラー」のような強い指導者。

池上　「フューラー」とは「総統」という意味じゃないですか。ヒトラーの称号ですよね。

佐藤　しかし、一見、強そうに見えるリーダーも、本当に強いかと言えば、そうではありません。情報がこれだけ拡散し、インターネットやSNSがある時代において、大衆は簡単に操作できないからです。

こういう状況のなかで、そもそも「リーダー論」という問題設定が可能なのか、「リーダーの条件は何か」という質問自体が成り立つのか、非常に難しい。

池上　それぞれの時代、それぞれの地域、それぞれの環境によって、リーダーに求められる役割は違ってきます。ですから、理想的なリーダー像を一概に論じることはできません。しかしだからこそ、過去から延々とリーダー論が語られてきたのでしょう。

たとえば司馬遼太郎におけるリーダー論があり、田中角栄的なリーダー論がある。そういう意味で、リーダー論は必要です。しかし、今、どのようなリーダーが求められるのか、なかなか明確に見えてこない。

■エリートと国民の信頼関係の崩壊

佐藤　それは社会の変化を反映しています。その一つが、エリートの自信喪失です。

池上　他方、国民のエリート層への不信感も高まっています。とくに英国のEU離脱とトランプ現象はその象徴ですね。いずれの背景にも、エリートに対する大衆の不満がある。

佐藤　そこにさらに、社会がアトム化して、社会的連帯が弱まっていることに対する不安も加わっている。

池上　アトム化、つまり原子のようにバラバラになっている、ということですね。そうして社会全体が進むべき方向を見失っているわけですね。だからこそ「強いリーダー」を待望する心理が働いている。人々は、不安から強いリーダーを求めているわけです。

佐藤　けれども、強いリーダーを育成しようとしても、これだけ個人が砂粒のようにバラバラにアトム化しているところでは、リーダーは出てきようもありません。どの先進国も、そういうジレンマに陥っています。

■強そうで強くないリーダー

佐藤　官僚組織にしても、現在の安倍政権では、経産省が最も権力を持っているようですが、かつての大蔵省のような存在ではない。また一つの「大文字の経産省」が存在しているというより、「小文字の経産省」が複数存在しているような印象です。かつてに比べ、官庁の権力構造もカオス状態にある。

強い指導者を求める動きが出てくるのは、こういう権力の拡散現象とも裏腹の関係にあります。

そしてとりあえず、「強いリーダー」という表象をまとって、さまざまな人が出てくるのですが、その人たちが本当に強いかと言えば、そうではない。社会的な基盤がないからです。あるシステムの内部では強い権力を持っていても、その外側には権力を及ぼせていない。

池上　「強そうで強くないリーダー」と言えば、イギリスのキャメロン前首相ですね。政界のＥＵ離脱派に攻められて弱ったあげくに、「では国民の意見を聞いてみよう」と、必要もなかった国民投票をわざわざ実施することにしてしまいました。建前としては、いかにも民主主義的に見えますが、いわば決断を国民に丸投げしたわけです。そして実施してみたら、意外にも離脱派が過半数を占め、結局、自分自身が退陣に追い込まれました。

■エリートの責任放棄

佐藤　現在、エリートは、自分自身に対する自信を喪失する一方で、社会に対する責任も放棄しています。日本の裁判員制度がその典型です。

日本の司法試験は難しい試験で、検察官や裁判官になるエリートを選び出し、起訴されたら九九・九%が有罪になる。いわば完璧に近い制度で、この司法制度には何の問題もないはずです。要するに、裁判員制度など必要ありません。

にもかかわらず、なぜ裁判員制度を導入したのか。私に言わせれば、死刑判決を言い渡すのが怖いからです。一般の市民にその責任を押し付けようとしている。しかし、裁判官はかなりの高給取りですから、彼らの職務怠慢としか思えません。

池上　裁判員制度が導入されて七年が経ちましたが、現在、どうなっているかと言えば、裁判員の選任手続きへの出席率が年々低下しています。裁判員候補に選ばれても約四割の人が手続きに応じていません。これでは、制度がきちんと機能しているとは言えない。

佐藤　国民には裁判を受ける権利はあっても、裁判員になる義務はない。さらに言えば、本来、憲法を改正しなければ、裁判員制度など導入できないはずです。徴兵令と同じで、罰則まであるからです。

民主主義は、エリートの責任感と国民のエリートへの信頼感によって支えられるものなのに、民主主義の基盤が崩れかけています。

■新自由主義の象徴としてのシールズ

佐藤　時代の変化は、シールズを見ていても強く感じます。

池上　シールズとは、「SEALDs＝Students Emergency Action for Liberal Democracy-s、自由と民主主義のための学生緊急行動」で、二〇一五年に国会周辺などで安保法案への反対運動を繰り広げて話題になった学生の団体ですね。欧米でも、おとなしい日本人も珍しく抗議運動をした、と好意的に報道されたようです。

佐藤　「シールズは新しい運動だ」として持てはやす向きもありますが、むしろ新自由主義のマーケットメカニズムに似た組織だと思います。

はっきりした組織をつくらないから責任主体が不明確です。率直に言って、偏差値がそれほど高くない大学の学生たちの運動で、集会に行くことで、普段は出会えることのない有識者と知り合いになれる。マスメディアに自分の名前が出る。それによって、通常の入学試験を経ては合格できないような大学院へのパスポートも手にできる。指導部の何人かは、一橋や早稲田の大学院に入れるようになる。そういうことが一応決まったところで運動を解散するわけでしょう。

これでは、FX取引に参加して、儲けた分だけ取って逃げていく新自由主義的なビジネスモデルとそっくりです。

■ロビンソン・クルーソーも独りではなかった

佐藤　きちんとした組織をつくらないシールズのあり方は、新自由主義で個人がアトム化した現代を象徴しています。まともな組織をつくるのが困難で、まともなリーダーも生まれにくくなっている。

ところが、人間は「群れをつくる動物」です。ですから、リーダー不在では生きられない。それは、子供が親なしには生きられないのを見れば明らかです。何らかのリーダーや何らかの組織や連帯なしに、人間は独りでは生きていけません。

池上　人間が人間たるゆえんは、やはり社会の中でしか生きられない社会的存在だ、という点にあります。ロビンソン・クルーソーにしても、無人島で独りで生きたというけれども、後からフライデーが来て二人になったのであって、結局、人は独りでは生きられない。

佐藤　ロビンソン・クルーソーが生きていくために用いるノコギリにしても、ハンマーにしても、釘にしても、すべて他の人間がつくったものです。そうした道具なしに、本当に何も持っていなかったとすれば、彼は無人島で野垂れ死にするしかなかった。

池上　ロビンソン・クルーソーは、難破した船からさまざまなものを持ち出しました。そうやって生き延びたのです。やはりそこに人間の人間たるゆえんがあり、「群れをつくる動物」として、群れを何らかの形で動かす「組織」と「リーダー」が必要なのです。

■組織が人を引き上げてくれる

池上　ところが「組織」と言うと、今の時代は評判が悪い。

佐藤　たとえば「ブラック企業」という言葉が独り歩きしています。実際、中小企業だけでなく、どんな大手企業にも、中央官庁にも「ブラック」な要素は多少なりともある。しかし、逆に「ブラック」な要素がいっさいなく、新入社員を「お客さん」扱いするだけの組織は、社員教育を放棄しているようにしか思えません。

「組織」とは、なかなか厳しいものです。生易しいものではありません。私も外務省に入ってからは、さまざまな雑用をこなしました。理不尽な仕事もありました。しかし、全体としては、そういう経験を積んだからこそ、その後の仕事ができたのです。「組織」に属することで、仕事をするための「基礎体力」が身に付きました。

池上　「組織」には、そういう利点があります。個人を強制的に鍛え、能力を身に付けさせる仕組みがある。

佐藤　もちろん、組織においては、自分の役に立つ仕事だけでなく、自分の身を危うくする仕事を課せられる場面もある。そういう場合の対処法も知っておく必要がある。しかし、どの組織でも一〇年くらい一生懸命に仕事をすれば、おのずと一人前になるものです。知らず知らずのうちに鍛えられ、力がついてくる。「組織が人を引き上げてくれる」のです。

池上　私自身も、入局以来、ＮＨＫで受けてきた訓練や経験が、現在の仕事の基礎になっています。先輩記者たちに、「中学生にもわかる原稿をかけ」と厳しく指導されました。警視庁捜査一課担当の二年間は、事件現場での聞き込みや深夜早朝の捜査員への取材など、休みが一切ない「この世の地獄」を体験しました。それ以降、世の中にはつらい仕事などなくなりました。「組織が人を育てる」という点は、若い人たちにも、ぜひ知ってほしいところです。

■理想のリーダーとは？

池上　とはいえ、人間社会に組織やリーダーが必要だとしても、組織が単に厳格であればよいわけではなく、リーダーが単に強ければよいわけでもありません。

たとえば、非常に強力な、独裁的なリーダーが、常に命令を下していれば、そのリーダー個人の能力がいかに優秀であっても、部下や現場は「待ちの姿勢」になってしまい、結局、自分で判断する力は育ちません。そうではなく、部下や現場に任せ、何をやっても自分たちで責任をとるくらいの気持ちで仕事をやらせる方が、部下や現場に責任感が芽生えてきます。さらに言えば、どんな企業でも、どんな組織でも、「現場に任せる、ただし何かあったら俺が責任をとる」というのが、理想のリーダーですね。

■組織も変容する

佐藤　まったくその通りです。会社という組織も、国家と同様に、業績が傾きかけてくるとトップの独裁権が強くなります。部門で言えば、総務部主導になる。そして「やっていることはすべて社長に報告しろ」などと言い出す。「透明化」と言えば、聞こえはよいですが、それだけでうまくいくほど、組織は単純なものではありません。

池上　そういうトップが、本当に強いリーダーかと言うと、そうではない。かえって部下のトップに対する不信感を増幅しかねません。そうなると、双方の不信感がますます高まる悪循環に陥ってしまう。

佐藤　トップが経営にいまひとつ確信が持てず、中間管理職にも、その下の部下にも不安があるから、「全部報告しろ」となるのでしょう。

池上　民主主義を維持するためにも「透明化」は大事ですが、すべてをリアルタイムに透明化すれば、かえってうまくいかない面もある。外交交渉などはその典型例でしょう。

■タブーによって社会は成立する

佐藤　おっしゃる通りです。それに、社会にはタブーも必要です。タブーというのは、言論の自由や民主主義の観点からは否定的に扱われますが、むしろ、ある種のタブーが存在する社会の方が良い社会なのです。

たとえば、二〇一六年七月に神奈川県相模原市の障害者施設で一九人が殺される事件が起きました。容疑者は事件前に衆院議長宛に手紙を書き、「車イスに一生縛られている気の毒な利用者も多く存在」するとし、「私の目標は（複数の障害がある）重複障害者の方が家庭内での生活、及び社会的活動が極めて困難な場合、保護者の同意を得て安楽死できる世界です」などと主張していました。

よく「生涯現役」が称揚されますが、裏返せば、「現役ではない人間は『穀潰し』だから、早く安楽死させろ」という意味にもなりかねません。とくに精神障害者に関して、「生きている権利がない、その一人を社会で養うのにお金がいくらかかるのか、そのコストを考えたら、国家として彼らを抹殺した方がいい」などと言い出したら、ナチスの優生思想とほぼ同じです。そしてこの論理が、自分自身にも向けられれば、「周りの人間を殺して自分も死刑になる」が、最適解になる。

容疑者は、精神耗弱というより、確信的な思想犯に思えます。人を殺すことを独善的な特殊な論理で正当化していて、背筋が寒くなりました。「生命は何物にも代えがたい」という戦後日本の生命至上主義は、理屈を超えたものです。いわば、一種のタブーです。こういうタブーはどの社会にもあります。もし人間の生命も、すべて経済的に計算され、医療費も、すべて経済合理性で計算されることになれば、恐ろしい社会になります。

池上 新自由主義が、そうした「すべてが経済合理性で計られるタブーなき社会」を助長している面があります。

■若手官僚の根拠なき全能感

佐藤 ところで、先程、リーダー論は時代ごとに変わってくるというお話が出ましたが、たとえば、かつてビジネスマンによく読まれた城山三郎の作品にしても、いまの現役のビジネスパーソンの心を摑むのは難しいと思います。ところが、これまで「リーダー論」として論じられてきたものは、いまだ城山三郎が描いてきたリーダー像の枠内に留まっている気がします。

城山三郎の『毎日が日曜日』という小説で描かれているのは、総合商社の中堅社員が主人公で、結局はただの兵隊なんだと思い知らされるけれども、そこに諦めの気持ちもあり、また社長の方でも、その兵隊の価値をきちんと認めているようなリーダーシップの在り方です。末尾にこういう一節があります。

「『和地君も、きみのことを心配しとった。きみのようにまじめな兵隊が、多勢居らんと、うちの会社、いや、日本は保たんのやからな』

沖の胸にこたえる言葉であった。社長までもと、深いところから慰められた気もするし、一方、（しょせん、おまえは将軍や参謀の器ではない。多勢の兵隊の一人でしかない）と、きめつけられた形でもある」（『毎日が日曜日』新潮文庫）

王様といっても、臣下がいるからこそ王様なのであって、臣下がいなければ王様ではいられない。けれども、「誰もが王様になろう」とするのが、現代の新自由主義のカルチャーです。

池上　自分だけで「自分は王様だ」と思っているような人が、確かに多くなっているかもしれません。

佐藤　おそらく霞が関の官僚の大多数も、「自分はすぐにでも次官の仕事くらい務まる」と思い込んでいる。だからこそ愚かにも、課長にもならないうちに役所を辞めて選挙に出馬したり、実業界に転身したりする。

課長も経験していないような霞が関のキャリア官僚など、何の使い物にもなりません。少なくとも官僚としてのキャリアに何の意味もありません。組織を見渡すという修練を欠いているからです。

編集者にも、一冊ベストセラーをつくっただけで「自分は全知全能」だと思っているような輩が、とくに二〇代、三〇代に多い。他の本では赤字を出しているのにもかかわらず。

池上 確かに、若手官僚の自己全能感には驚かされます。

佐藤 幼児的な全能感というか、自己愛性パーソナリティ障害を想起させます。

池上 入省して何年も経っているのに、大学受験勉強当時の予備校の全国模試で何位だったかと自慢し合う官僚もいるそうです。

佐藤 さらに酷いのは、東大の二次試験の数学を何問解けたか、という自慢話です。外務省にもいたのですが、東大出身の組織内の劣位集団が他の連中を馬鹿にするために、酒を飲みながら「俺は四問のうち三問解けた」「俺は二問半だ」などと延々自慢し合っている。予備校の全国模試なら古い記録を辿ることができるので検証可能ですが、こちらは検証不可能。彼らの全能感の根拠は、いったい何なのか。

■人から侮辱されることだけは避ける「伊藤くん」

佐藤　柚木麻子の『伊藤くんA to E』（幻冬舎）という小説があります。「伊藤くん」は、そこそこの大学を卒業した千葉の大地主の子供で、予備校の先生をやっている。仕事もクビになったりするけれども、シナリオライターになる夢を持っている。しかし一度もシナリオを書いたことがない。何よりも嫌なのが人に侮辱されることなので、勝負に出てシナリオを書くようなことは決してしない、絶対に土俵に上がらない男。見た目はちょっといい感じだからもてるけれど、実はとんでもないやつだ、という話を付き合った女性AからEまでのそれぞれの視点から描いている小説です。
最近の若手官僚の全能感は、まさにこの「伊藤くん」のイメージです。

■サルコジ現象

佐藤　最近の若手官僚の全能感や「伊藤くん」の自己本位のナルシシズムは、新自由主義と裏腹の関係にあります。
池上　新自由主義とは、いわばお金以外に価値基準がないということで、そうした価値観不在の環境から生じるのがナルシシズムだ、ということですね。

佐藤　そうです。その先陣を切ったのは、前仏大統領のニコラ・サルコジでしょう。フランスの人口学者、エマニュエル・トッドが優れたサルコジ論（『デモクラシー以後』石崎晴己訳、藤原書店）を書いています。

トッドは、サルコジの特徴として、「思考の一貫性の欠如」「知的凡庸さ」「攻撃性」「金銭の魅惑への屈服」「愛情関係の不安定」という五つの資質を挙げています。

その上で、ナルシシズムの問題を、単なるサルコジ個人の問題ではなく、フランス社会、とくにフランスのエリート層全般に関わる問題と位置付けています。そしてこう述べています。

「彼が当選に成功したのは、われわれの周り、われわれの裡にある最悪のものを体現し、助長することによってである」

「彼の否定性が、人々の心を引きつけたのだ。強い者への敬意、弱者への軽蔑、金銭への愛、不平等への欲求、攻撃の欲望、大都市郊外やイスラーム諸国やブラック・アフリカの人々をスケープゴートに仕立て上げる手口、目くるめく自己陶酔、己の感情生活——ということは暗黙のうちに性生活ということになる——の公衆の面前での公開、これらすべての無軌道な漂流が、フランス社会の総体に働きかける」(『デモクラシー以後』)

池上　まるで、現在選挙戦中の別の国の大統領候補を評する言葉であるかのようです。

佐藤　トランプは「アメリカ版のサルコジ」で、安倍首相も多かれ少なかれ「ミニ・サルコジ」なのです。サルコジの登場はそのくらい大きな意味を持っていました。

ただ、アメリカに比べれば、現時点では、日本の選挙の方が品性はまだ保たれているのかもしれません。少なくとも自民党総裁選で殴り合いにはならないし、総裁候補夫人のヌード写真が問題になることもありません。

池上　怪文書は出回りますが、テレビCMはありません。

佐藤　今回の米国の大統領選では、ネット上で酷い動画が流れています。たとえば、共和党の予備選でトランプと戦ったテッド・クルーズの「マシンガン・ベーコン」という宣伝動画があります(YouTubeでmachine gun baconと入力すれば視聴可能)。

テキサス州のスーパーマーケットで購入したベーコンを自動小銃に巻き付け、その上にアルミホイルを被せて、銃を乱射し、その熱によって、こんがりと焼けたベーコンをフォークで摘んで口に入れたクルーズが「マシンガン・ベーコン」と感想を述べるのですが、政治性、思想性の欠片もない内容で、もっぱら全米ライフル協会のメンバーを標的にした宣伝です。

池上　予備選挙中、クルーズの政治集会で彼の演説を聞いたのですが、トランプの方がまだましだと思いました。

ところで、フランスのサルコジは、大統領職へのカムバックをめざすようです。二〇一七年の仏大統領選への出馬を表明しました。

佐藤　サルコジ現象はまだまだ続く、ということでしょう。まだ大統領職にある時のことですが、トッドはこう述べています。

「このところ世論調査で人気がないからといって、あの男は政治家としてもうお終いだと信じるのは、輪をかけて早計と言うべきだろう。フランス社会が暴走を続けるなら、サルコジが再び飛躍することもあり得るのであり、それもさらに悪い方に飛躍するかもしれない。彼は再び飛躍するために、フランス社会の暴走を手助けすることさえあり得るのだ。(略)この時代の根本的特徴の一つは、どんな不幸な政治的経験の後にも、さらに惨憺たる経験がわれわれを待っている、ということなのである」

池上　いま目にしていることが最悪だと思っても、さらに悪いことがいくらでも起こり得る、と。何とも怖ろしい話です。さすがトッドは慧眼の持ち主ですね。サルコジやトランプを生み出すような社会構造が元のままならば、無責任なポピュリストやナルシシズム政治家は、今後いくらでも再生産される恐れがある。

■サッチャー、レーガンとは異なる

佐藤 ここで考えなければならないのは、サルコジ現象は、かつてのレーガン米大統領、サッチャー英首相の出現とは、まったく質を異にしているという点です。

レーガン、サッチャーが登場したのは、社会の「地」の方は社会民主主義的で、国家による富の再配分で「ゆりかごから墓場まで」と言われた時代でした。そういう環境で、レーガンとサッチャーは、批判を顧みず敢えて、「これでは国家も社会も弱体化する一方だから競争原理を導入しろ」と主張したのです。当時、「レーガンみたいなやつ」や「サッチャーみたいなやつ」と思われるのは、恥ずかしいことでした。

ところが、新自由主義が社会の隅々にまで浸透した結果、それがいまや素晴らしいことに思われている。エリートほど新自由主義的価値観を当然視しています。そして、権力を持ったエリートが、社会全体に対する責任を思う前に、自己利益や自己実現ばかりを優先しているのです。

池上　日本の政治家や官僚や企業トップにも、同じような変化を感じます。

■左右に共通するエリートのナルシシズム

佐藤　しかも問題は、これが右派・左派に共通の現象として起きていることです。『デモクラシー以後』には、ある一人のフランス社会党のインテリ活動家を取り上げた印象的な箇所があります。

一流企業の管理職でもあるこのインテリ女性活動家は、党の地方支部でサンドウィッチを用意したり、ワインの栓を抜いたり、何でも雑用はこなすが、討論の場では何も言わない「下働きのお針子」のような民衆層の活動家と、自分をはっきり区別します。そして「活動家というのは、じっくり考え、話し、文を書き、議論をし、意見を言い、考えを主張する人間」のことで、「ワインの栓を抜く人間のことではありません」と述べています。

このような他者認識、自己認識は何を意味するのか。「民衆タイプの者であれ、教師タイプの者であれ、教義に対しては受動的な関係にありつつ、自分は党のために働いている、大義のために働いている、と考えていた」「かつての活動家」に対し、この女性のような新しいタイプの活動家は、「とりわけ意見を表明するため、個人的に『自己実現する』ために」やってきている、ということです。

しかし、トッドに言わせれば、これはナルシシズムでしかなく、彼女のような「理想的な活動家」こそが、実のところサルコジ大統領を誕生させた、と説いているわけです。なぜなら左派勢力から民衆層を積極的に排除することで、結局は、国民戦線の出現を助長し、サルコジ主義を助長したからです。

「こうした活動家は、高等教育革命によって育まれた数百万の新たなナルシシストの一人である。自分は教養の『クリエーター』であると考え、自分の『発言』の独創性が事を前進させると想像している。発言とは行動である、と考える、遂行的活動形態なのだと言うこともできよう。（略）この二一世紀初頭にあって、この饒舌な露出症は、フランス社会の上層部全体を浸している」

この言葉は、先に触れたシールズの活動のある部分を見事に言い当てているように思えます。

2

独裁者たちのリーダー論

——プーチン・エルドアン・金正恩——

仮にプーチンがロシアの国情に合った強いリーダーだとしても、
プーチンがいなくなった後のことが心配だ。

池上彰

■プーチン大統領――「強いロシア」を演出

池上　いまの世界を見渡して、「強いリーダー」として誰もが思い浮かべるのは、まずはロシアのプーチン大統領でしょう。

アメリカの経済誌『フォーブス』の「世界でもっとも影響力がある人物」ランキングでは、三年連続一位に選ばれています。しばしば肉体的なマッチョぶりもメディアで誇示して、「強い指導者」を演出し、「強いロシア」をみずから体現しようとしていますが、実際に今日の世界を動かすキーパーソンの一人であることは間違いないでしょう。

プーチンは、一九五二年にレニングラード（現サンクトペテルブルク）に生まれました。第二次大戦の際、レニングラードはドイツ軍に包囲され、一〇〇万人以上と言われる市民が亡くなりました。そうした悲惨な過去がまだ色濃く残る環境でプーチンは育ったはずです。プーチンの兄は、ドイツ軍に包囲された劣悪な環境の中で病気のために死んでいます。プーチンが生まれる前のことですが。そうした悲惨な歴史を持つレニングラードに生まれ育ったことで、「国家は強くなければならない」というトラウマになったのだと思います。

さらにプーチンは、ＫＧＢの要員として駐在していた東ドイツで東欧社会主義の崩壊を経験し、ソ連の崩壊も身をもって経験しました。

国家の崩壊という同様の経験をしたロシア国民が「強いリーダー」と「強いロシア」をめざすプーチンに共鳴するのも理由のないことではありません。ただ、その一方で、ロシア国内では、プーチンを批判する政治家やジャーナリストが相次いで不審な死を遂げていて、実に不気味です。

■リーダーに対する国民感情

佐藤 プーチンの本質が表れたのは、オリンピック選手のドーピング問題です。彼は「これはロシアだけの問題でなくスポーツ界全体の問題で、政治化するのは大きな誤りだ」と発言しましたが、要するに「他の国もやっている」と言ったのです。

スポーツの新記録が出たとすれば、ドーピングをやっているはず。これがロシアの発想です。ただ、ドーピングをやるなら薬の抜き方も確立しなければならない。試験の一夜漬けと同じで、とにかく検査を通ればいい。逆にドーピングがばれても、カンニングがばれたようなものにすぎない。

ロシアでは、ある時期から薬を抜く技術が衰えました。そこで検体をすり替える方法を採用しました。これが成功することで、その後、薬を抜く技術の方はまともに開発しなくなってしまった。プーチンはその技術の遅れを叱っているわけです。

池上 怒るところが、われわれの常識とは違いますね（笑）。

佐藤 支持率が高いとされていますが、プーチンも国内ではかなりボロクソに言われています。ただ、外国人がプーチンの悪口を言うとロシア人は怒る。

池上 「大統領はわれらが親父」という感覚を国民に抱かせることには成功しているわけですね。

佐藤 そうです。おそらくこの点はアメリカでも同様で、仮にトランプが大統領になった場合、トランプがいくらアメリカ国内で批判されても、外国人がトランプを悪し様に言った場合には、アメリカ人は怒ると思う。

中国の場合、習近平については分かりませんが、鄧小平や毛沢東に対してならそういう感覚があったと思います。

韓国の朴槿恵に関しては、外国人が悪口を言っても、おそらく韓国人は怒りませんね。むしろ金正恩の悪口を言った方が韓国人は怒るかもしれない。とくに日本人が金正恩を悪し様に言った場合、韓国人は黙るか怒るかどっちかでしょう。また、北朝鮮の核開発にしろ、ミサイル開発にしろ、少なからぬ韓国人は問題視するより、むしろどこかで誇りに思っていると思う。朝鮮半島が統一されれば、それらも自分たちのものになる、という意味で。

池上　リーダーに対する国民感情は、確かに国によって微妙に異なっていますね。

■ロシアの選挙は秩序立っている？

池上　ロシアは「民主主義国」とされています。プーチンも国民の高い支持を得ているとされています。ただ、本当にロシアを「民主主義国」と考えていいのでしょうか。

佐藤　民主主義国かどうかは分かりませんが、ロシアの選挙は、アメリカの選挙よりも「品性は高い」と言えるかもしれません。

まずお金はそれほどかかりません。良くも悪くも、クルーズやトランプのような人物は出てきません。スキャンダル合戦もありません。そういう意味で秩序立ってはいます。候補者全員がひたすら「いかにプーチンを讃えるか」という激しい競争をするからです。

プーチンの方は、「私は現職で非常に有利な立場にいるから、テレビに出ては申し訳ない」として、テレビの候補者ディベート番組に出ない。すると、他の候補者たちだけのデイベート番組になってしまい、これは誰も見ない。
ロシア人には、アメリカ人のような、自分たちの代表を出すという発想がありません。政治家とは天から降ってくるもので、「悪い政治家」と「うんと悪い政治家」と「とんでもない政治家」が降ってきて、「うんと悪い政治家」と「とんでもない政治家」を排除するのが選挙だと思っている。「われわれが古代ギリシャの陶片追放の伝統を正確に継承しているんだ」とロシア人は言っています。

池上　陶片追放とは、古代アテナイで、僭主の出現を防ぐために、僭主になる恐れのある人物を投票により国外追放にした制度のことで、英語で言うとオストラシズム。しかし、日本では、それが機能していませんね。自分の党を支援しない巫女さんを「巫女さんのくせになんだと思った」とか「巫女さんを誘って札幌の夜に説得しようと思った」とかいう衆院議員が当選してしまうのですから。この大西英男議員は「マスコミを懲らしめるには広告収入がなくなるのが一番」と発言した当人でもあります。

佐藤　ロシアでは、かつて下院の半分の二二五議席は小選挙区でしたが、国民の方から「小選挙区はやめてくれ」という声が上がりました。

池上　小選挙区も二〇一六年九月の選挙で復活しましたが、二〇〇七年にプーチン大統領が小選挙区制を廃止した際には、西側諸国から「反民主的だ」という強い批判の声が上がりました。

佐藤 しかし、これにはロシアなりの理由があるのです。

ロシアは議員特権が強く、五年の任期中は完全な不逮捕特権を持っていて、殺人の現行犯以外は捕まえられません。その結果、どうなるか。地元のマフィアが選挙に出てきて当選し、行政を牛耳ってしまう。

ですからマフィアに不逮捕特権を与えないために小選挙区をやめてくれというのが国民の切なる願いでした。すべて比例代表で政党の選挙にしないと、マフィアがやってきて怖くてしかたがないのです。これによって小選挙区を廃止して、政党の名簿方式で選挙を行うことになったのですが、「これでようやくマフィアの軛《くびき》から解放される」ということでロシア国民は大喜びだったのです。

■ロシア国家とスポーツ

池上 プーチンにはマフィアを抑えてそれを実行する力があったということですね。

佐藤 そうです。そうしたマフィアを抑えられるのは、「スポーツ組」というロシア最大のマフィアを持っているからです。

ソ連は、乳幼児全員を保育園に入れる制度を採用していました。日本のように親が保育園探しに苦労することなく、一歳くらいから子供の教育は国が責任を持つシステムだったのです。

そこで、殴り合いなどが強い子供がいると、スポーツ専門学校に入れます。ソ連時代は、そうしたスポーツに特化した学校やクラブが各地に数多く存在しました。オリンピック選手一人を養成するためには、一万人くらいの裾野がなければいけない、という発想です。また選手になれば、選手寿命が尽きた後でも、そうしたスポーツ教育機関に再就職できました。

ところが、ソ連崩壊によって、このシステムも崩壊します。公営スポーツがなくなってしまったために、元アスリートたちは、用心棒やみかじめ料の取立などで生計を立てるようになったのです。

エリツィン政権になったときに、これではまずい、国家管理しなければと、スポーツ観光国家委員会というのを作りました。いわば体育省です。そして大臣には、彼のテニスコーチだったシャミル・タルピシェフ（現ロシア・テニス連盟会長）を任命しました。

ところが、予算がありません。そこで、管轄下のスポーツクラブに酒とタバコを無税で輸入できる免税特権を付与して稼がせました。石油と魚介類の輸出ライセンスも与えました。ちなみに、酒とタバコの免税特権はロシア正教会にも与えています。

これによってロシアの国家管理下のスポーツ界は大いに潤い、通常の警察や司法で処理するのは面倒な案件の処理を引き受けるようになります。この「スポーツ組」は、実際、ロシアで最も怖いヤクザで、ここを通せば、たいがいの問題は収まります。現在のトップ（スポーツ大臣）は、ヴィタリー・ムトコというプーチンのスキー仲間が務めています。

池上　そうしたロシアでのスポーツの特殊なあり方が、今回のドーピング問題の背景にもあったわけですね。

佐藤　大いに関係しています。

■国家に不可欠な暴力装置

佐藤　スポーツ観光国家委員会の初代のトップ、タルピシェフは、クレムリンでエリツィンの隣部屋に執務室を持っていたのですが、私はたまたま彼と親しくなり、この「スポーツ組」の世界の一端を垣間見る機会を得ました。アントニオ猪木さんがモスクワを訪問した時のことです。

ソ連時代、表向きプロレスは禁止されていました。しかし、あの有名な「猪木・アリ戦」の一六ミリ映像が地下で流通していて、猪木さんはかなりの有名人。日本大使が会いたいと言ってもなかなか会えないタルピシェフに、猪木さんが表敬訪問を申し込んだら二つ返事でＯＫで、クレムリンに入って私が通訳することになったのです。

その日はメーデーの直前で、「赤の広場」でバレーボールの試合が予定されていたところ、雲が出ていた。すると、タルピシェフはおもむろに戦略防空軍の司令官に電話をしたのです。「雲が出てきたからクレムリン上空にヨウ化銀を撒いて飛ばしてくれ」と。それから三〇分ほど会談していると、本当に戦闘機が飛んできて、ヨウ化銀を撒いて空を晴らしてしまいました。タルピシェフは「こういう技術だけはわが国は進んでいるんだ」と自慢し、猪木さんも喜んでいました。

その後、猪木さんの滞在中に私も一緒に「スポーツ組」のマフィアのパーティに招かれ、マフィアの親分たちと知り合いになりました。そこで「ああそうか、こういうシステムがロシアを支えているんだ」と納得したのです。やはり国家というのは、きれい事だけでは済まない。どこかでこうした暴力装置をもっていなければならない、と。そのことをロシア人も知っているわけです。

ロシアには言論の自由はある。それは日本と同じくらいです。ただ、発言に対して「応分の責任」を取る必要がある。

池上　実に怖い世界ですね。

佐藤　怖いです。ロシアでは「命」の値段が違いますから。しかし、こういう世界との付き合いが仕事に役立ったことは確かです。

■政治指導者というよりKGB中堅職員のメンタリティー

池上　仮にプーチンがロシアの国情に合った強いリーダーだとしても、プーチンがいなくなった後のことが心配です。プーチンの言うとおりに皆が動くようになっているので、プーチンの指示がなければ誰も動かなくなり、国家のすべての機能がマヒしかねません。

佐藤　その点、必ずしも評判は良くないエリツィン元大統領が偉大だったのは、みずからの権力を永久権力化せずに、プーチンという後継者をつくったことです。プーチンにはその度量がない。

プーチンはかなりの教養の持ち主です。コジェーブと並ぶネオ・ヘーゲル哲学者のイリインの話が延々とプーチンの演説の中に出てきます。ネオ・ヘーゲリアンの哲学用語を使いながらロシア国家原理を探求する。それを国民も退屈しないで聞いている。プーチンには人文系の教養があって、ロシアのインテリの系譜を引いています。

ところが、メンタリティーは、国家の政治指導者というより、KGBの中堅職員。エリツィンは、ソ連時代、共産党の政治局員で、その前は、スヴェルドロフスク（現在のエカテリンブルグ）という産業の盛んな大きな州の党第一書記を務めました。いわば事業本部長のような、さまざまなレベルのポストをすべて歴任した上で、代表取締役会長になったようなものです。

プーチンは違います。倉庫番が、突然、代表取締役社長兼会長になってしまった。プーチンがKGBを退役した時は中佐でした。モスクワで交通整理の棒を振っているおじさんは交通警察の大佐ですから、ランクからすると、その交通整理のおじさんの前では敬礼しなければならない立場です。そんな人だから、オリンピックのドーピング問題でも「他国もやっている」と言い放ってしまう。その発言がどれだけロシアの信用を失墜させるかがわからない。エリツィンならそんな発言はしない。「これは恥ずかしいことだ」などと言ったでしょう。ブレジネフでも、そんな捨て台詞は言わないで黙っていると思う。

プーチンはカリスマのある強い指導者に見えるけれども、こんなところに彼のメンタリティーが表れてしまうのです。

■日本は無法者でロシアは法の濫用者

佐藤　この点で、プーチンは、旧ソ連のリーダーとは異なるのです。

たとえばブレジネフは、一九六八年に、ワルシャワ条約機構軍を動員してチェコスロバキアに侵攻します。その口実というか大義名分として使ったのが、「制限主権論」という概念です。社会主義共同体の利益が阻害される場合は、個別の国の主権が制限されることもあり得る、というわけです。

これは裏返せば、一種の集団的自衛権の論理です。ある国の社会主義政権が転覆されそうになったときに、他の社会主義国が集団的自衛権を行使するというわけですから。

それ以降、西側諸国は集団的自衛権を持ち出すのを控えるようになりました。「ソ連と同じだ」というイメージを与えるからです。

何であれブレジネフは、西側諸国も無視できないような理屈はつけたわけです。ところが、プーチンは、実力剝き出しで理屈をつけない。

池上　クリミア問題でのプーチンの言動がまさにそうでした。「併合するつもりはない」と言っていたのに、数日後には併合した。

佐藤　本来、ロシアは、国際法の濫用者であっても、無法者ではない。これは、小室直樹が指摘していたことです。小室直樹によれば、日本は、満洲国建国の際、国際法的な正統性を説明しようともしなかった。その点で、日本は無法者。それに対しソ連は、日ソ中立条約を侵犯する際も、国際法的な正当性をこじつけた。その点で、ソ連は国際法の濫用者。ロシアは、ヨーロッパの一員として屁理屈をつけても国際法を守る。そこが日本との決定的な違いで、同時にそこにロシアの弱点がある、と。

法的な議論を理詰めでやるとロシアは意外に弱いという点に小室直樹は気づいていた。

池上　「クリミアにロシア軍はいない」などと見え透いたウソまで口にしていました。ところが、プーチンにはそれが通じない。法を頭から無視するからです。

佐藤　法や慣習、そして国際社会の世論を始めから無視するのは、彼がきちんと帝王学を修めていないからです。

池上　企業でも、新人社員から始まって、ひとつひとつ段階を経ながら上位のポストを任されるものです。そういう経験を積んだ上で頭角を現す者をリーダーにする方がまともだ、ということですね。倉庫番からいきなり社長にしてしまうと、プーチンのようになってしまう。

佐藤　あのような乱暴なリーダーが出てくるのも、世の中がそれだけ乱暴になっているから。新自由主義というのは、そういう乱暴な世界です。

■世俗主義の守護者としてのトルコ軍

池上　乱暴なリーダーと言えば、トルコのエルドアン大統領も負けていません。彼はついに本性を現しました。二〇一六年七月に軍のクーデタ未遂事件が起きましたが、将来、「これがトルコが独裁国家になるきっかけだった」と言われるようになるかもしれません。

佐藤　反エルドアン派のクーデタは、結局、失敗に終わりましたが、もしエルドアン大統領がホテルから退避するのが五分遅れていたら、どうなっていたか分かりません。

池上　五分遅れていたら、おそらくクーデタは成功して、今頃、トルコは軍政になっていたかもしれません。軍の一部がクーデタを企んでいることをロシア軍が察知し、エルドアンに知らせたという情報もあります。

佐藤　今回のクーデタは、軍のトップが命じたものではありませんが、軍のトップクラスも一枚噛んでいたはずです。

池上　歴史を振り返ると、トルコ軍は、過去に三回クーデタを成功させています。政治が混乱したり、とくに国是としての政教分離が脅かされた際に、いったん武力で全権を掌握した上で、混乱を収めた後に民政への移管を実現してきました。

今回のクーデタの第一報を耳にした時のことを正直に申しますと、こういう過去の歴史を思い出しながら、遂に軍が決起したかと思いました。それだけ独裁化を進めるエルドアン大統領に危惧を覚えていたからです。

佐藤　多くのイスラム諸国では、クーデタは、イスラム原理主義者など、政教一致を求めるグループが起こすものですが、トルコはいつも逆でした。トルコのエルドアン大統領自身が国政をイスラム原理主義の方向へ持っていこうとしていたのに対し、軍部の一部がクーデタを起こしたわけです。

池上　トルコ建国以来の国是である世俗主義（政教分離）の守護者は、トルコ軍でしたから。

■クーデタ未遂事件を利用するエルドアン

池上　問題は、未遂に終わったクーデタ以上に、クーデタ以後の事態です。クーデタを抑えるやいなや、エルドアン大統領は三カ月の非常事態を宣言しました。これによって、議会での審議を必要とせずに、大統領を議長とする閣議で、法律と同等の効力を持った政令を出すことが可能になり、野党や批判的なメディアを弾圧する手段を手にしました。

そして、すでに粛清と言っていいような、大規模な批判勢力の弾圧が生じています。軍の関係者ら約七五〇〇人を拘束し、公務員二万五〇〇〇人を停職にし、教員二万一〇〇〇人の免許を取り消し、全国の大学幹部教員一六〇〇人に辞任を要求し、裁判官二七四五人を解雇しました。さらにテレビ局とラジオ局計二四局の免許を取り消しました。とにかく物凄い規模です。

佐藤　実際、それだけの規模の人々がクーデタに参加していたら、クーデタはそれほど簡単に制圧されなかったはず。

池上　まさにその通りで、この事件を最大限活用しているのは、エルドアン大統領自身です。この機に乗じて、反対派を一掃しようとしている。おそらくカリフ制復活も視野に入れた独裁体制をこれから長い時間をかけて確立しようとしていたところ、これを一挙に成し遂げるチャンスが転がり込んできたわけです。

今回の事件の以前から、エルドアン大統領の反対派への弾圧は度を越していて、クルド系非合法武装組織であるクルディスタン労働者党（ＰＫＫ）に対する掃討作戦に抗議声明を出した大学の教授らをいきなり拘束したり、政権批判をする記者を逮捕したりしていました。インターネットも監視の対象で、ツイッターで政権批判を呟いただけで拘束された人もいました。

佐藤　クーデタによって国営放送局が占拠されるなかで、民間放送局ＣＮＮトゥルクとのビデオ通話アプリを通じたインタビューで、「街頭に出て軍に答えを示してほしい」と国民に訴えることでエルドアンは救われましたが、ネットを弾圧していた当人がネットで助けを求めて救われたのは、何とも皮肉です。

池上　さらにエルドアンは、一時は死刑制度の復活も言い出しました。ＥＵ加盟をめざすため、トルコは、二〇〇二年に死刑制度を廃止しているのですが。

佐藤　死刑を復活させれば、ＥＵ加盟の可能性はますます遠のきますが、エルドアンにとってはどうでもよいことなのでしょう。

しかし、エルドアンの強硬路線は、中長期的に見て、吉と出るか凶と出るかはわかりません。

トルコ国民の世俗主義はまだまだ健在です。ですから、エルドアンのイスラム化政策も抵抗なしに進むとは思えない。他方で、イスラム主義者から見ると、エルドアンのイスラム主義も中途半端なものにすぎない。こうなると、ソ連末期にゴルバチョフが置かれたような状況に陥るかもしれません。

守旧派に対するゴルバチョフの改革路線も、エリツィンのような急進派から「中途半端だ」と突き上げられました。エルドアンのイスラム主義も、IS（「イスラム国」）やアルカイダにシンパシーを持つ勢力から「中途半端だ」と突き上げられる可能性がある。

絶対権力を握っているとはいえ、世俗派とイスラム急進派の双方から責められることで、支持基盤の両側が侵食されて、徐々に弱体化する危険性があります。イスラム化路線を採るなら、原理主義によりシフトして、「自分がカリフになる」と宣言するぐらいでなければならない。

池上　エルドアンはさらに急進化する恐れがある、ということですね。おそらくカリフ制の復活こそエルドアンの悲願ですから。

佐藤　そう思います。

池上　他方、イスラム急進派とは逆の側でエルドアン大統領にとってとくに目障りなのは、アメリカに亡命しているイスラム法学者のギュレン師です。かつては盟友でしたが、独裁色を強めたエルドアンから離反していきました。現在は、住んでいるアメリカからトルコの民主化を呼びかけています。長年にわたり教育に力を注いできたギュレン師は、教員、裁判官、軍幹部などにいまだに大きな影響力を維持しています。

佐藤　ギュレン師がクーデタの黒幕だと考えるエルドアンは、アメリカにギュレン師の身柄引き渡しを要求していますが、当然、アメリカはこれを認めない。これによってトルコと米国の関係は緊張します。

■ロシアとトルコの接近

佐藤　そこに目をつけたのが、ロシアのプーチン大統領です。

二〇一五年一一月に起きたロシア空軍機のトルコによる撃墜事件以降、ロシアとトルコは実質的に国交断絶状態にあったのが、クーデタ未遂事件直前の二〇一六年六月末には関係の正常化に合意していました。そして七月一五日に今回の事件が起きると、プーチンは真っ先にエルドアンに電話をして支持を表明しました。

池上　その後、八月九日にはエルドアン大統領がロシアを訪問し、両国関係の修復を大々的にアピールしました。両国とも「世界で孤立しているわけではない」ことを内外に示すチャンスだったわけです。

佐藤 プーチンがトルコを支持するのは、ロシアとして、何としても中東の安定がほしいからです。中東が不安定化すれば、すぐにロシアに悪影響が及びます。好きでもないシリアのアサド大統領を支持するのも同様の理由からです。いま、エルドアン体制が崩壊すれば、中東が大混乱になるのは必至です。逆に言えば、シリアやトルコを通じて、プーチンは、中東でのロシアの影響力をさらに拡げようとしているわけです。

池上 確かに、シリアを始め中東でのアメリカの影響力は徐々に弱まるなかで、ロシアの存在感は増しています。トルコへの接近にもロシアなりの思惑がある。

佐藤 ですから、アメリカも、いくら独裁色を強めようともエルドアンを無視することはできません。

池上 その点、危惧を覚えるのは、二〇一六年八月にトルコ軍がシリア北部のクルド人組織「民主統一党」（ＰＹＤ）に対する空爆を開始したことです。ＩＳ（「イスラム国」）の制圧を理由にした軍事作戦ですが、ＰＹＤも「テロ組織」とみなして、「シリアのＰＹＤについても、根絶やしにするため戦い続ける覚悟だ」と明言しています。

佐藤　トルコとしては、現在は国境で分断されているトルコのクルド人勢力とシリアのクルド人勢力が一体となり、トルコとシリアの国境を跨ぐ形で事実上の自治区を形成する動きを何としてでも阻止したい。

池上　ＩＳとの戦いでクルド人勢力と協力関係にあるアメリカも、トルコのこの行動を半ば黙認しているようです。少なくともはっきり批判はしていない。

佐藤　アメリカにとっても、ＩＳ掃討作戦においてトルコの協力が不可欠だからでしょう。

池上　いずれにしても、今後の中東情勢の鍵を握るトルコから目は離せません。

■北朝鮮のリーダー論

池上　現役の独裁者として外せないのは、北朝鮮の金正恩です。北朝鮮の正式名称は「朝鮮民主主義人民共和国」。国名に「人民」と「民主主義」という言葉が入っていますが、皮肉なのは、コンゴ民主共和国やアルジェリア民主人民共和国と同様に、わざわざ国名にこの言葉を入れている国はたいていそうなってはいないことです。北朝鮮も、親子三代が国のトップに君臨し続けています。

佐藤　日本人の感覚からすれば、理解不能な異様な国家にしか見えませんが、肯定や否定とは別に、彼らの内在論理は理解する必要があります。

池上　隣国でもあるわけですから、「理解不能」とつぶやくだけでは済まされません。どんな政治体制も、単なる暴力だけで七〇年も維持されるものではありません。

佐藤　その通りです。たとえば、金日成から金正日への権力の移行の際に、リーダー（首領）論が盛んに語られました。

その理論によれば、二つの「福」がある。一つは「人民福」。こんなに素晴らしい人民をもっている、という首領にとっての幸福。もう一つは「首領福」。こんなに立派な首領を戴いている、という幸福。この二つの幸福の相互作用によってわが共和国は成り立っている、と論じる論文が数多く書かれました。

首領としては、こんなに素晴らしい人民がいる、とへりくだる。人民としては、こんなにへりくだって下さる立派な指導者がいる。こんな幸福はない、と。

実はここには、最も低いものが最も高くなる、というキリスト教の論理が入っています。この点は、北朝鮮体制を理解する上での重要なポイントです。そもそも金日成の両親は長老派の熱心な信者で、自身もクリスチャンでした。

池上　首都の平壌は、マニラに次ぐアジア最大級のキリスト教都市で、「東洋のエルサレム」とも呼ばれていたこともありますね。

佐藤　北朝鮮のイデオロギーの根幹には、キリスト教的なものがあるわけです。それと人民福と首領福の両方からなる首領論に加えて不可欠なのは、「偉大な風格」です。首領になる人は形が似ているはずだ、と。

池上　それで首領は皆、同じ体形になっていくわけです。孫の金正恩も、祖父や父に形が似るよう、太り続けなければいけない。一般の人は、みんな痩せているあの国で。

3

トランプを生み出したもの

——米国大統領選 1——

マスコミについて私が学んだのは、
彼らはいつも記事に飢えており、
センセーショナルな話ほど受ける、ということだ。

ドナルド・トランプ

■ドナルド・トランプと橋下徹

佐藤　アメリカの大統領選挙は、「世界大統領選挙」とも言えるほど、世界にとって大きな影響を与える選挙です。選挙権はありませんが、われわれも影響を被ります。

池上　今回の選挙は、アメリカ社会の変化を印象付けるものですね。選挙戦中、常に注目を浴びたのは、共和党の大統領候補になったドナルド・トランプ。佐藤さんは先ほど、「社会にはタブーも必要」とおっしゃいましたが、そのタブー破りで躍り出たのがトランプです。「これは口には出さない方がいい」と皆が思うような問題に敢えて触れることで、質の悪い連中を駆り立てて、結局、共和党を乗っ取ってしまった。

佐藤　その潜在的な素質は橋下徹にもありますね。

池上　トランプと橋下徹は、似ている部分がある。

橋下は、大阪の子供たちの学力が低いのは学校の先生のせいだ、教育委員会のせいだと言ってバッシングする。そうやって、わかりやすい敵をつくる。実はその背後には貧困の問題があるのに、そこには目を向けず、「先生が悪いんだ」と非難する。言われた以上、先生たちも必死になり、多少は学力が上がったりもするのでしょうが、明らかに本質ではないところに敵をつくり出してバッシングすることで人気を得る、という形を取っている。「トランプがアメリカ大統領になるのがいいことか悪いことか」とゲストに訊ねるテレビの番組で、「日本にとってはとんでもないことだ」と皆が答えているのに、ただ一人橋下徹だけが「日本にとっていいことだ」と答えていました。「日本の独立について改めて議論するきっかけになるから」「駐日米軍がいなくなったらどうするのかということを私たちが真剣に考えるきっかけになるから」というのです。トランプの発想と大変似ています。

佐藤　「米軍駐留をやめる」などと発言するトランプが、真面目に考えていないのは明らかです。注目を浴びさえすれば、何でもありなのです。

橋下徹も、トランプも、先ほど述べた「サルコジ現象」の典型的症例です。「思考の一貫性の欠如」「知的凡庸さ」「攻撃性」「金銭の魅惑への屈服」「愛情関係の不安定」というサルコジの特徴のすべてが見事に当てはまります。

■「経営」というより「取引」

池上　トランプは、「有能なビジネスマン」と言われていますが、かなり疑問です。

佐藤　会社を四度も倒産させています。

池上　どうも経営者としてのマネジメント能力を持っているわけではない。「経営」というより「取引《ディール》」が好きなんですね。自伝にはこうあります。

「私は金のために取引をするわけではない。金ならもう十分持っている。一生かかっても使いきれないほどだ。私は取引そのものに魅力を感じる。キャンバスの上に美しい絵をかいたり、素晴らしい詩を作ったりする人がいるが、私にとっては取引が芸術だ。私は取引をするのが好きだ。それも大きければ大きいほどいい。私はこれにスリルと喜びを感じる」（ドナルド・トランプ、トニー・シュウォーツ『トランプ自伝』相原真理子訳、ちくま文庫）

彼はものすごい数の訴訟を抱えています。訴えてもいるし、訴えられてもいる。倒産の際には、金を借りている相手と交渉して、借金を棒引きにさせる。そういうディールをやることによって私は復活してきたのだ、というわけです。

佐藤　経営力で成功したというより、ディールや脅しで富をつくってきたわけですね。

池上　そうです。トランプは父親から莫大な財産を相続しています。それをそのまま投資信託か何かに投資していれば、今頃もっと金持ちになっていただろうと言われています。なまじ自分で事業などに手を出したものだから、財産はあまり増えていない。

あちこちに「トランプタワー」本人が言っている額のを持っていますが、『フォーブス』誌が調べたら、単なる名義貸しが多く、実際の資産は本人が言っている額の半分程度でした。資産の自己申告をどこまで信用してよいのか分かりません。

■病的潔癖症

池上　またトランプは、実はものすごい潔癖症です。自分専用のトイレしか使えない。出張に出かけても、現地のホテルに泊まることはできるだけ避けて、ニューヨークへ専用機で戻ったりする。イベントをなるべく自分が経営するホテルで行うのは、そのためなのです。

佐藤　それは病的ですね。

池上　大統領になったら、専用のトイレを持ち歩かなければなりません。

佐藤　実際、アメリカは、大統領の移動に合わせて、大統領専用のトイレを持ち歩いています。ただ、それは潔癖症のためではなく、便を採取されて大統領の健康状態を分析されるのを阻止するためです。

池上　日本も、天皇の排泄物は医者がチェックします。

佐藤　おそらく首相も、少なくとも病気を抱えているときは、尿や便はおまるで取っているのではないでしょうか。ホテルの中に別の配管をつけて、首脳の排泄物だけは別途収集する国もある。

逆に、食事などの様子から相手国首脳の健康状態を観察するのも、外交官の大事な仕事です。たとえば公式晩餐会でエリツィン大統領は、本当にウォッカを飲んでいるか、と。そんな話をしていたら、ある時、橋本龍太郎総理から、こう言われました。「佐藤さん、あなたが言った通りで、エリツィンだけ別のボトルから注いでいた。それだけでなく、肉を食っていない。何度も切り分けているだけで、口に入れているのは野菜だけだった」と。おそらくタンパク質が制限されていたのではないかと思います。しかし特別なメニューにすると、そのことが相手国に知られてしまう。だから肉はせっせと切るだけで、野菜だけ口に入れていたのです。

池上　ニューヨークのウォルドルフ・アストリアは、天皇も宿泊し、米国の大統領もニューヨークを訪れる際に泊まる最高級ホテルですが、中国資本に買い取られました。それ以降、オバマ大統領は泊まらなくなりました。

佐藤　米国の大統領が宿泊すれば、中国側の盗聴、盗撮の対象になるのは間違いありません。

■トランプのメディア戦略

佐藤　トランプのパーソナリティに話を戻しますと、言動は、一見、乱暴なようでいて、周到に計算されている面がありますね。

池上　「不法移民を送り返せ」と言っているのであって、「移民を送り返せ」とは言っていない。

佐藤　「イスラム教徒を入国させるな」とも発言しましたが、入国管理は主権行為で、誰を入国させるかを決めるのも、不法移民を送還するのも違法ではない。その意味で、順法意識はある。

　イスラム教徒の入国禁止や不法移民の国外追放は、アメリカでは公には口にしてはいけないとされている。しかし多くのアメリカ人が腹の中では思っていることです。「異質な人々に虐げられてきた本来のアメリカ人の権利を取り戻す」という戦略は、伝統的エリートにも、貧しい白人労働者にも強く訴えかける力がある。

池上　「イスラム教徒を入国させるな」という発言も、よく読むと、「アメリカがきちんとした管理体制を作れるまではイスラム教徒を入れるな」と言っている。ですから、テロリストが紛れ込まない体制ができれば入国を認める、という意味にも取れます。

いずれにせよ、トランプの戦略は、いわば「炎上商法」です。わざとスキャンダラスな、メディアが飛びつくような発言をして注目を浴びる。そして視聴率が取れるから、メディアも便乗します。

CBSニュースの社長は、「トランプがこんなに候補者レースをリードしているのはアメリカにとっては悪いことだが、わが社にとっては実にいいことである」と発言しています。視聴率が上がり、広告が入り、ウハウハである、と。

大統領候補は、テレビで自分のコマーシャルを流すものですが、トランプはあまり流しません。おのずと過激な言動が報道されるから、宣伝広告費は一切要らないのです。橋下徹がわざと極端なことを言ってメディアに取り上げられたのと同じです。

他の候補があまりやっていないツイッターも、トランプは週に八〇本以上も発信しています。アカウント名はトランプ自身の名前で、おそらく本人がやっているのではないかと思います。そこでも、ニュースになるような極端なことを書き続けている。

トランプ自身、次のように明言しています。

「マスコミについて私が学んだのは、彼らはいつも記事に飢えており、センセーショナルな話ほど受けるということだ。（略）要するに人と違ったり、少々出しゃばったり、大胆なことや物議をかもすようなことをすれば、マスコミがとりあげてくれるということだ」

マスコミの性質をなかなか正確に捉えています。そして「私はマスコミの寵児というわけではない。いいことも書かれるし、悪いことも書かれる」と冷静な自己認識もできています。その上で、こう続けています。

「だがビジネスという見地からすると、マスコミに書かれるということにはマイナス面よりプラス面のほうがずっと多い。理由は簡単だ。ニューヨーク・タイムズ紙の一面を借りきってプロジェクトの宣伝をすれば、四万ドルはかかる。そのうえ、世間は宣伝というものを割り引いて考える傾向がある。だがニューヨーク・タイムズが私の取引について多少とも好意的な記事を一段でも書いてくれれば、一銭も払わずに四万ドル分よりはるかに大きな宣伝効果をあげることができる」（『トランプ自伝』）

かなり周到なメディア戦略で、実際、トランプの思い通りに事が運んでいます。

佐藤　「悪名は無名に勝る」です。

池上　そして誇大宣伝を次のように正当化しています。

「宣伝の最後の仕上げははったりである。人びとの夢をかきたてるのだ。人は自分では大きく考えないかもしれないが、大きく考える人を見ると興奮する。だからある程度の誇張は望ましい。これ以上大きく、豪華で、素晴らしいものはない、と人びとは思いたいのだ。私はこれを真実の誇張と呼ぶ。これは罪のないホラであり、きわめて効果的な宣伝方法である」(同)

佐藤　ここまで開き直っているわけですから、トランプ相手にまともな議論は成り立たないのですが、人々が何を潜在的に期待しているかをこれほど正確に理解しているわけで、その影響力は侮れません。

池上　トランプの場合、世論調査の支持率と共和党候補選びの実際の投票にずれがありました。常に実際の得票率が世論調査の支持率を上回っていたのです。人種差別主義者だと思われてしまいますから、トランプ支持は大っぴらには口にできない。しかし投票では、トランプに入れる。そういう人が多いからです。

■コマーシャル合戦

池上　先程、話題になった「マシンガン・ベーコン」動画のテッド・クルーズとの間では、とくに醜い泥仕合が繰り広げられました。

テレビCMで、クルーズがトランプを批判する場合、クルーズ自身ではなく、クルーズの支持者が資金を集め、「トランプを大統領にさせない会」といったものをつくり、そこが反トランプCMを流します。私がアメリカで実際に目にしたのは、「トランプは不法移民を追い出せと言うが、ニューヨークのトランプタワーは不法移民によって作られた」というCMでした。

こうした政治CMをめぐっては、日米の間にかなりのギャップがあります。日本では、たとえば「NHKの番組でこの人がこう発言した」という映像を政治CMに使うことなど考えられません。ところが驚くべきことに、CNNも、FOXニュースも、アメリカのメディアは、政治CMでの使用希望者に自分たちの映像を売るのです。「何月何日のニュース」という具合に著作権も明記された上で、メディアのニュース映像が政治CMに使われています。

それでクルーズとトランプの泥仕合のきっかけになったのは、トランプの妻メラニアの過去のヌード写真を使ったテレビCMでした。「次期ファーストレディのメラニア・トランプさんです。それが嫌なら、テッド・クルーズに投票することもできます」というセリフ入りで、ユタ州予備選の前にテレビで流されました。

これにトランプは、クルーズの妻ハイジの「秘密を暴いてやる」と激怒し、クルーズは「凄たれの腰抜け」と言い返すといった呆れるほどひどい泥仕合。世界に最も大きな影響を与えるはずの選挙の論戦にはとても思えませんでした。

さらにトランプは、クルーズ夫人とトランプ夫人の顔写真を並べてネットに掲載し、「どうだ、クルーズ夫人はひどい顔だろう」と罵りました。

クルーズは二〇一六年七月の共和党党大会に出席したのですが、「投票日には良心に従って投票してほしい」と述べて、「トランプ氏に投票しよう」とは言いませんでした。まるでトランプ不支持演説のようでした。トランプを共和党候補として認めたくない共和党の多くの有力者が欠席するなか、クルーズは、敢えて出席して、トランプに恥をかかせました。

おそらくクルーズの思惑はこうです。どうせトランプは今回の選挙で勝てない。民主党のヒラリー・クリントンが大統領になってもせいぜい四年だけだろう。二〇二〇年の大統領選に自分は再挑戦するぞ、と。

アイオワでのクルーズの集会では、まず奥さんが出てきて延々と喋り、「私の最も尊敬すべき、敬愛する夫を紹介します。ネクスト・プレジデント（次期大統領）！」と。その後、クルーズが登場し、「ありがとう。私が今、最も尊敬し愛する妻から紹介を受けたテッド・クルーズです」と。背中が寒気でゾクゾクとして、正視に耐えない光景でした。

佐藤　もはや、まともな人間は政治に関心を持たない、という状況ですね。

池上　クルーズを嫌う共和党の首脳が、「トランプとクルーズのどちらがいいですか」と尋ねられ、「それはあなたが死刑になるときに『銃殺がいいですか、毒殺がいいですか』と選択を迫られるようなものだ」と。

■トランプの共和党乗っ取り作戦

池上　トランプは、かつては民主党員でした。その後、インデペンデントになり、そして今回の大統領選挙で、「共和党から出させてくれ」とみずから申し出て、予備選に出馬しました。

おそらく共和党としては、「予備選を活性化させてくれればいい」という程度に考えていたのでしょう。ところが、トランプがタブーに触れる過激な発言を連発するものですから、これを面白がる連中が大挙して共和党になだれ込んできた。

日本では、政党に入るには、手続きが大変です。それに対し、アメリカの大統領予備選挙では、党員集会の前に「ここの党員として投票したい」と名前を登録するだけでいい。この手続きだけで「共和党員」として認められるため、二〇一五年から二〇一六年にかけて、トランプ旋風に乗って共和党員が急増しました。従来からの共和党員が事態をよく呑みこめていない間に、あれよあれよと、新しい党員がドドドッと入ってきて、その連中がトランプに投票したのです。

トランプは「そら見ろ、俺は共和党員を増やしてやっているんだ」と誇っています。

佐藤　「共和党をぶっ壊す」「ワシントン政界をぶっ壊す」と叫ぶトランプの戦略は、「自民党をぶっ壊す」と言った小泉純一郎に、田中眞紀子と橋下徹を足したような感じですね。

池上　ですから、トランプが共和党の候補になった、というより、共和党がトランプ支持者に乗っ取られて別のものになってしまった、という印象です。

佐藤　党大会で大統領候補を選んだ以上、その人間をリーダーとみなさなければならない。ところが、「冗談じゃない、なんでトランプなんかに従わなければならないのだ」という動きになっている。これでは、リーダーという概念が成り立たない。プロセスにおいてはさまざまな議論があっても、一度決定したらそれに従うというのが、組織としての最低限の規律です。そこが崩れているわけで、共和党は組織として崩壊しかけています。

池上　トランプが共和党大統領候補になるまでの過程は、民主主義の時代ではこういう乗っ取りの仕方があるものなのか、と認識を新たにさせられました。昔ふうに言えば「加入戦術」ですね。かつて世界革命を唱える第四インターナショナルのメンバーが日本社会党に入り込んで組織を拡大しようとしたことがあります。これが「加入戦術」です。

佐藤　まさにそうです。ただ、トランプの場合、「加入戦術」よりも悪質かもしれません。一九八九年に蛇の目ミシン工業の株を買い占めて高値買い取りを要求した仕手筋集団「光進」による悪質な会社乗っ取り事件がありましたが、そんな印象です。

池上　共和党が怪しい連中のフロント企業のようになってしまったわけです。

■共和党の崩壊

池上　二〇一六年七月の党大会で、トランプは共和党候補に選出されましたが、トランプの勝利を阻止したかった共和党の主流派が一時考えていたのは、予備選に出ていたクルーズとケーシックの頑張りによって、党大会でトランプが過半数を取れないようにすることでした。最初の投票では、代議員は決められた候補に投票しなければなりません。ところが、第一回投票で誰も過半数に達しなければ、次は自由投票になるのです。そこでロムニーかマケインを立てて当選させようという作戦でした。

過去に民主党が行ったことがあって、共和党も同じようにやろうとしていたわけですが、この動きを知ったトランプは、「もし党大会で私が選ばれなければ暴動が起こるだろう」と牽制しました。「暴動を起こす」ではなく、「暴動が起こるだろう」と。

佐藤　実際、そういう事態も考えられたと思います。「既得権益の擁護者たちが民主的な手続きを無視している」ということになりますから。

池上　共和党大会でトランプが選ばれていなかったら、本当に暴力沙汰になり、その時点で、共和党は完全に崩壊していたかもしれません。

佐藤　党員集会の段階でも、現にトランプをめぐって殴り合いが起きています。平気で殴るような人たちが共和党に入ってきている、ということです。

■共和党の崩壊を準備したもの

佐藤　ただ、ある意味では、共和党は自業自得と言えます。ウォールストリートの利益に迎合しながら、他方でティーパーティ（茶会）のような本来、異質なリバタリアンの勢力を取りこみ、政策に関しては、元トロツキストたちのネオコンに丸投げして、政治を放置してきた。そのつけが回ってきたのです。

池上　共和党崩壊への道のりは、共和党がティーパーティに乗っ取られたところから始まっています。「茶会」とは、アメリカがイギリスの植民地だった一七七三年に、イギリスの重税に反対するボストン市民がボストン湾に停泊中の貨物船から茶を投げ捨てた「ボストン・ティーパーティ」に由来する保守派の運動です。

アメリカでは、上院議員も、下院議員も、それぞれの選挙区で候補者を決める予備選挙をします。日本では現職優先ですが、アメリカでは現職がいても予備選を実施します。

そして六年前と四年前の選挙で、ティーパーティの若手の過激派が予備選に出てきて、それぞれの選挙区で共和党の重鎮の多くを叩き落としてしまったのです。共和党候補のかなりの部分がティーパーティに乗っ取られ、彼らが当選して共和党が議会多数派になりました。テッド・クルーズもその一人です。

この連中が、いっさい妥協せず、オバマ大統領の政策にことごとく反対しました。とくに二〇一三年のオバマ・ケア（医療保険改革）の予算審議では、テッド・クルーズが二一時間以上も本会議場で演説を続け、時間切れで予算が成立しない状況をつくり出しました。これによって、連邦政府は一時、機能停止に追い込まれました。

他方で、ティーパーティ主導の過激な法案に対しては、オバマ大統領が拒否権を発動し、結果的に「何も決められない政治」になりました。そして、今回の大統領選を迎える時点で、共和党の支持者は「これまで共和党を応援してきたのに何も変わっていない。どうなってるんだ」という不満を持っていたわけです。こういう状態にあったために、今回の大統領選に際して共和党は大混乱が生じたのです。

■支持者の特徴

池上　両党の予備選を取材したのですが、支持者にはそれぞれ特徴がありました。民主党のヒラリー・クリントンやバーニー・サンダース上院議員の集会では、支持者はたいていスマートな体形をしていましたが、共和党のドナルド・トランプの集会では、赤ら顔の肥満体の白人が多かった。

そしてトランプの集会に外国のメディアは入れません。アメリカの三大メディアであるＡＢＣ、ＣＢＳ、ＮＢＣとＣＮＮ、ＦＯＸは入れますが、海外メディアはダメ。日本の民放テレビ局が「入ろうとしたが入れてくれない」と騒いでいましたが、私たちはそんな真似はしませんでした。トランプのバッジをつけ、トランプの旗を持っていたら、ちゃんと入れました（笑）。プラスチック製のフニャフニャのトランプの旗を持って金属探知機を通ったら、セキュリティ係に「その旗を見せろ」と言われましたが、きちんと入れました。

ところが、会場に入ってみると、周りは白人ばかりなので、日本人の私たちは、居心地が悪いのなんの。その後、ヒラリーの集会に行ったのですが、こちらはあらゆる人種がいるので、違和感はありませんでした。

支持層はそのくらいはっきり違います。ただ、トランプの支持者も、ひとりひとりの人柄はいいのですけどね。

佐藤　今回の大統領選で特徴的なのは、共和党のトランプの支持者と民主党のサンダースの支持者が、実はかなり重なり合っているように見えることです。トランプは過激な右派で、サンダースは、自称「民主社会主義者」、出自を辿れば、極左のトロツキスト。結局、サンダースはヒラリーに敗れましたが、トランプ（過激な右派）とサンダース（極左）のどちらにしようかと迷うこと自体、日本の常識では考えられない。

池上　彼らの根底には、既成秩序に対する反発、何も決められない政治に対する反発があります。さらには、白人層がアメリカ社会の中でマイノリティ（少数派）に転落する、という危機意識もあります。

二〇〇〇年の国勢調査で六九・一％だった白人は、二〇一〇年の国勢調査では六三・七％に減少したのに対し、ヒスパニック（ラティーノ）系は一二・五％から一六・三％に急増しています。メキシコなど中南米出身者のほとんどはカトリックで、避妊が認められないため出生率が高く、ラティーノ系人口が急増しています。

佐藤　白人もいずれ少数派に転落し、低学歴の白人労働者は低賃金で働く中南米からの移民に仕事を奪われるのではないか。トランプ支持の背景には、そうした白人の不安がある。

池上　既成の共和党員ではないから、発言が新鮮で、「何か政治を変えてくれるのではないか」と期待されている。

佐藤　実際は、現実性のない漠然とした期待にすぎないのに、こういうポピュリズムがアメリカの政治を支配しつつある。

池上　民主党のサンダース上院議員も、元は民主党員ではなく、社会主義労働者党の党員でした。若い頃は、おっしゃる通り、「極左のトロツキスト」でした。そして無所属の上院議員だったのが、今回は「民主党の候補にしてくれ」とみずから申し出たのです。サンダースが、格差が拡がるアメリカの現状を打ち破ろうと主張し、とくにウォールストリートの投機資金に課税すべきだ、と言っているのは、二〇一一年に起きた「オキュパイ・ウォールストリート（ウォール街占拠運動）」の流れにつながります。あの運動は何となく尻すぼみになりましたが、今こそこの流れを貫徹するんだ、というのが、サンダースとサンダース支持者の思いです。サンダースの支持者は、「ヒラリー候補もウォールストリートの手先だ」とみなしています。ウォールストリートから莫大な献金をもらい、娘のチェルシーもウォールストリートの投資銀行で働いている。

■民衆の破壊願望に乗るリーダー

池上　トランプも、サンダースも、既存の体制への反発を象徴していて、民衆の破壊願望に支えられています。その点で、「サルコジ現象」や「橋下徹現象」ともつながっている。

佐藤　アメリカには、元々ワシントン政界の内輪でない者に対する期待がありますね。それゆえに、ジミー・カーターというジョージアの農場主が、突然、出てきて大統領になったりする。レーガンにしても、カリフォルニアの州知事は務めましたが、映画俳優あがりで、どちらかと言えば、政治の玄人ではない。クリントンも、アーカンソー州知事。日本で言えば、岩手県知事のようなイメージで、そういう人物がいきなり出てくると、「新鮮だ」と受け入れられる。

要するに、現職であることは必ずしも強みにならず、むしろマイナス要因になるのが、アメリカの選挙の特徴です。

池上　二〇〇〇年のブッシュ対ゴアの大統領選挙の時もそうでした。民主党候補のアル・ゴアは、経験豊かなベテラン政治家。しかし、結局、「ワシントンの内輪の人間」と思われてしまい、敗れました。

今回の民主党の大統領候補選びでは、ヒラリー・クリントンは、「ベテランで経験豊富である」というのをアピールしましたが、サンダースの登場によって、むしろ逆効果になってしまった。戦略を間違えたのです。

共和党の大統領候補選びでも、出馬した候補のなかでは、ジェブ・ブッシュは相当まともな政治家でした。「ブッシュ家の最高傑作」と言われるほどで――あるいは兄貴の前大統領がひどすぎただけなのかもしれませんが――、穏健でバランスのとれたまともな政治家なのに、「やっぱりブッシュだろ。ワシントンの内輪の人間だろ」と思われて早々に脱落しました。

佐藤　それだけアメリカは、疲れている、ということですね。ここまで格差が拡大すると、「アメリカン・ドリームなど絶対に実現しない」ということが、誰の目にも明らかになる。

池上　四年前の大統領選の際に、アイオワ州に取材に行った時のことが印象に残っています。

公立高校で、共和党の候補者たちが演説をする催しがありました。高校生に政治を生で見てもらおう、というわけです。そこである女性の議員が「アメリカは可能性の国です。君たちにもいろんな可能性があって、君たちのなかからスティーブ・ジョブズが出てくる！」と熱弁をふるいました。それを聞いて高校生の方は、「おーっ！」と盛り上がるのかと思ったら、逆にシラーッとしてしまった。この高校生の反応には、その女性議員も驚いたようでしたが、それほど従来のアメリカと違って、みんな冷めています。

■戦死者の遺族を侮辱

池上　躍進を続けてきたトランプも、二〇一六年七月の党大会以後、やや失速気味です。党大会直後は、世論調査の支持率は、ヒラリーとほぼ互角だったのに、その後は低下して、差を広げられました。支持率低下のきっかけは、イラク戦争で戦死した米兵の両親を中傷したことです。

パキスタン系アメリカ人でイスラム教徒の弁護士であるキズル・カーン氏の息子は、アメリカ軍兵士として、二〇〇四年にイラクに派遣され、自爆テロによって死亡しました。その息子を失ったカーン氏が、民主党大会に出席し、トランプに対し、「国のために犠牲を払ったことがあるのか」と問いかけたのです。私でも感動するスピーチでした。

カーン氏の後ろには戦死した息子の顔写真が映し出され、カーン氏の横には妻が並んでいたのですが、一言もしゃべらなかったカーン氏の妻について、「妻は話すことを許されていないのではないか」とトランプが発言したのです。妻のガザーラさんは、息子の写真の前で涙をこらえるのが精いっぱいだったのだそうですが、そこには「イスラム教では女性が抑圧されているから発言を許されなかったのだろう」という含意がありました。そのようにしてイスラム教徒を批判したのです。

佐藤　この発言は、かなり致命的でした。アメリカで戦死者の遺族を侮辱するのはタブーですから。

池上　その後、トランプは、テレビのキャスターから、「あなたも犠牲を払っているのか？」と尋ねられ、「私も犠牲を払ってきた。ビジネスで多くのビルを建て、多くの従業員を雇用した」と答えると、「それは犠牲ではなく、成功だろう」とキャスターから突っ込まれていました。

またこれをきっかけに、トランプの「徴兵逃れ」疑惑が再燃しました。トランプの学生時代は、ベトナム戦争の時期で、当時は徴兵制があり、一八歳で徴兵されるはずのところ、トランプは、大学での学業を理由に徴兵猶予を申し立てました。ここまでは問題ないのですが、卒業後、「足の踵の骨の損傷」を理由に徴兵を免除されていたのです。自分が徴兵逃れをしていたのなら、カーン氏のことを批判する資格などない、ということで、支持率の低下につながりました。トランプの戦略もすべてがうまくいっているわけではありません。

佐藤　共和党大会初日のメラニア夫人の演説は、よりによって、オバマ大統領のミシェル夫人の演説の盗作でした。指摘を受けて、メラニア夫人のスピーチライターが謝罪しています。

池上　実はメラニア夫人は、演説の当日、テレビキャスターの質問に、「できる限り他人に任せずに自分で書いた」と答えていたので、二重に恥をかくことになりました。

4

エリートVS大衆

——米国大統領選2——

産業革命以来、
格差を減らすことができる力というのは
世界大戦だけだった。

トマ・ピケティ

■米国大統領選の経済学――政治とカネ

池上　アメリカの大統領選をお金の側面から考えてみたいのですが、トランプは、「俺に金は要らない。投票に行ってくれ」と言っていました。それで支持者はこぞって投票に行くのですが、実はそこで献金しています。トランプ陣営には、少額の献金が数多く集まっている。そんなところからも、白人の労働者階級がトランプを支えている構図が見えてきます。

佐藤　五ドル、一〇ドルという、そのタイプの献金が実は一番強いのです。

池上　アメリカの大統領選挙は、とにかくお金がかかります。まず党の正式な候補になるまでの予備選でお金がかかり、次の大統領選挙の本選でもまたお金がかかる。

大統領選挙には、公費負担の制度があって、申請すれば選挙運動の資金を国が面倒を見てくれますが、公費による援助には上限があります。前回の選挙では、オバマ陣営に多額の献金が集まったので、オバマは公費を断り、上限に縛られずに、それ以上の献金を使いました。「より金権政治化した」とも言われましたが、党の候補選びはあくまで任意団体の話ですから、金額が増えても問題になりません。自民党の総裁選挙でいくら多額のお金が動いても、公職選挙法違反にならないのと同じです。

米国の大統領選を勝ち抜くには、おそらく数百万ドル程度かかります。予備選挙で順位が上がれば献金が集まり、上位になれなければ献金が集まらず、結局、撤退に追い込まれる。献金が集まらなければ、選挙戦を戦えない、という非常にはっきりした仕組みです。

佐藤 二〇一二年の大統領選挙では、オバマ、ロムニー両陣営合わせて四八〇〇億円が使われています。そしてトランプの資産は、二〇一五年の『フォーブス』によると、四五億ドル、五四〇四億円。

池上 ですから、トランプには選挙資金を賄うだけの資産があると言えます。もっとも、トランプが自分の資産額を過大にアピールしている疑いもありますが。

佐藤 共和党の予備選に出馬したカーリー・フィオリーナは五八〇〇万ドル、七〇億円。ジェブ・ブッシュは二二〇〇万ドル、二六億四〇〇〇万円。テッド・クルーズは三五〇万ドル、四億二〇〇〇万円。

池上 確かに、クルーズの集会に行っても、金持ちという印象はまったくありませんでした。

佐藤 民主党のサンダースは七〇万ドル、八四一〇万円。

池上　彼のイメージからすると、結構持っているな、という印象です。

佐藤　共和党のマルコ・ルビオが一〇万ドル、一二〇〇万円。

池上　ルビオは本当に貧乏で苦労しました。なんとなく民進党の前原誠司に重なるイメージがある。ルビオは、結局、若さが出てしまって、候補者討論会でうまく発言できず、撤退に追い込まれました。

佐藤　そしてヒラリー・クリントンは、資産総額四五〇〇万ドル、五四億円です。

池上　トランプに比べれば、小さな資産ですが、ヒラリーは多額の政治献金が反感を買っています。

佐藤　メール問題と並んで、献金問題は、ヒラリーにとってアキレス腱です。

池上　ヒラリーの不人気には三つの理由があると思います。

第一の理由は、既成の政治家であること。佐藤さんが指摘されたように、アメリカ国民は、既成のベテラン政治家を忌避しがちです。首都ワシントンの政治は腐敗しているという印象を持っているために、ベテラン政治家は嫌われがちです。

第二の理由は、支持目当てに政策を簡単に変えてしまう節操のなさ。アメリカ人に、「ヒラリーと聞いて思い浮かべる言葉は何ですか?」というアンケートで、最も多かった言葉は、「ライアー（嘘つき）」でした。

そして第三の理由は、ウォールストリートの富豪たちと親しく、多額の政治献金を受け取っていること。たとえば投資銀行のゴールドマン・サックスで行った三回の講演の講演料として、六七万五〇〇〇ドル（約七四〇〇万円）を受け取っています。これについて、サンダースは、「そんな大金を払っても聞きたいような講演だったら、私たちにも内容を公開してほしい」と嫌味を述べました。

佐藤　講演料としてあり得ない額です。何らかの見返りを期待しているのではないか、と疑われても仕方ありません。

池上　そこに追い打ちをかけたのが、二〇一六年七月に始まった映画「クリントン・キャッシュ」の上映です。原作はピーター・シュヴァイツァーが書いた同名の書籍で、「外国政府と企業がクリントン夫妻を『大金持ち』にした手法と理由」という副題が付された邦訳も出ています（あえば直道監修、小濱由美子・呉亮錫訳、LUFTメディアコミュニケーション）。

そのからくりのポイントは、クリントン一家の慈善団体「クリントン財団」に外国企業が寄付をすることにあります。法律上、外国からの政治献金は禁じられているのですが、海外からの財団への寄付は可能なのです。寄付を受けて、ヒラリー国務長官（当時）が、その企業に有利な取り計らいをし、その企業の依頼で講演を行い、多額の講演料を受け取る。夫のビル・クリントン元大統領ということで、講演料がさらに跳ね上がる。

カナダのウラニウム・ワンをロシアの国営企業が買収した件、サウジアラビアへの戦闘機売却の件、イランで事業を展開していた通信機器メーカーのエリクソンの件など、多額の寄付や講演料と引き換えに便宜が図られたのではないか、という多くの疑惑が持ち上がっています。まさに「不適切だが違法ではない」というわけです。

■ヒラリーのメール疑惑

佐藤 日本では重大さがそれほど認識されていないようですが、国務長官在任時に個人メールで公務連絡をしていた、という「メール問題」もかなり深刻です。

二〇一六年七月に、アメリカ連邦捜査局（FBI）長官は、「極めて軽率だが違法ではない」として訴追は見送りましたが、かなりの極秘情報を極めて軽率に取り扱っていたことは確かで、ロシアと中国がそこから何らかの情報を手に入れたと考えた方がいいでしょう。

池上　ですから、共和党の選挙バッジには、「トランプを大統領に　Trump for President」というものだけでなく、「ヒラリーを刑務所に　Hillary for Prison」というものもあって、刑務所の格子の向こうにヒラリーが入っている写真を使っている。

佐藤　極秘のメールが流出していた、というのは、裸で街を歩いているようなもの。大統領としての資質が問われても仕方がない。しかもヒラリーは、あの年齢になってやっていたわけですから、その癖はもう治らない。大統領になっても、この人は秘密を守れるのか、という怖さがある。

池上　9・11のときに田中眞紀子が「アメリカの大統領は別の場所に移った」と具体的な場所を喋ってしまったのと似ていますね。

■ヒラリーはもと共和党

佐藤　ともあれ、「トランプ大統領」の実現をどうしても阻止したい共和党主流にとって、奥の手は、民主党のヒラリーを支持することです。

池上　現に予備選の段階から、共和党の重鎮たちは、「トランプが大統領候補になったら本選では民主党のヒラリーに投票する」と言っていましたね。「トランプよりはまだヒラリーの方が我々に近い」と。

佐藤　実際、共和党の主流派にとって、ヒラリーを支持することにそれほど問題はない。むしろプラスになる。というのも、ウォールストリートの利益とネオコン的な思想は、ヒラリーに近い。いまやヒラリーの政策自体が、ブッシュ前大統領時代のネオコン的発想とそれほど変わらない。ヒラリー自体が半ば共和党化しているのです。

池上　考えてみれば、ヒラリーはもともと共和党員でした。

高校生だった一九六四年の大統領選挙では、共和党のバリー・ゴールドウォーター大統領候補の運動員になっている。頑固な共和党支持者だった父親の影響で、自分も共和党員になったのです。進学した名門女子大のウェルズリー大学では、一年生の時に青年共和党の議長に選ばれています。

ところが、当時はベトナム戦争のさなか。戦争に関する共和党の思想に違和感を覚えたヒラリーは、青年共和党をやめ、三年生のときには民主党左派のユージン・マッカーシー上院議員の反戦運動を応援しています。

他方、民主党のサンダースの支持層の一部は、「ヒラリーだけは嫌だ」と言って棄権するのではないかと言われている。あるいは「政治の既成勢力を破壊する力がある方がいい」と、トランプに投票するのではないか、と。

ですから、とんでもない捻じれが起きる可能性がある。共和党のトランプと民主党のヒラリーの争いなのに、共和党の一部がヒラリーに投票し、民主党の一部がトランプに投票する、という捻じれです。

佐藤　歴史を見れば、そうした捻じれもあり得ます。戦前のドイツで、社民党政権に反対するために、ナチス党と共産党が連帯してストライキを打つということがありました。

池上　ただ、共和党は、党としてすでに機能しなくなっています。重鎮や主流派の言うことを党員が聞かないのです。トランプに乗っ取られて、共和党の中身自体がすっかり変わってしまっています。「共和党はもともとリンカーンの党ではないか！」というある共和党幹部の発言に、多くの党員は、「えー、そうだっけ」と虚を衝かれたような感じでした。

佐藤　リンカーンは共和党でした。現代の常識からすれば、共和党は「保守」、民主党は「リベラル」ですが、共和党の前身は「連邦主義者党」。北部を地盤とし、産業振興を目指して奴隷制に反対する「進歩的な政党」でした。

これに対して、民主党の前身は「民主共和党」。南部を地盤とし、大規模農場経営のために奴隷制を維持しようとする「保守強硬派」でした。

民主党は、奴隷制に対して、基本的に「やむをえない制度だ」という姿勢だったのです。いくら「民主主義」と言っても、エマニュエル・トッドの指摘するように、あくまでも「移民してきた白人のための民主主義」でしたから。


池上　やがて北部の民主党に移民などの多様な人材が流入して、民主党もリベラルな党に変身していきます。その変化についていけない南部の民主党員に共和党が目をつけて、根こそぎ共和党員にしたのです。

そこから共和党は保守化していきます。「小さな政府」を志向し、社会保障などに税金を使うことに反発するようになる。反対に民主党は、弱者のための社会保障を充実させる「大きな政府」を容認する政党に変わっていきました。

ですから南部の共和党の保守的な支持層も、もともとは民主党だったわけで、それが先祖返りをしても何らおかしくない。本選でとんでもないことが起きるかもしれない、ということです。

■「平和＝格差」か？「平等＝戦争」か？

池上　過激な発言を繰り返すトランプですが、もし本当に大統領になったらどうなるでしょうか。あるいは仮に本選でヒラリーに敗れたとしても、これだけの支持を集めたトランプの言動は、今後のアメリカの内政や対外政策にも何らかの影響を与えるはずです。

佐藤　奇妙なことに聞こえるかもしれませんが、トランプが大統領になったら戦争は遠のくと思います。

池上　「オバマはインテリだからむやみに戦争をしないだろう」と思うから、みんな勝手なことができる。他方、「トランプは何をやるかわからない」という怖さが、抑止力になるというわけですね。

佐藤　それともう一つは、「金持ち喧嘩せず」です。トランプの周囲にいるのは、新自由主義のプロセスにおいて富を蓄積してエスタブリッシュされた連中ですから、失うものが多い彼らは、戦争のリスクを望まない。そうすると、「格差と平和」というパッケージになる。

皮肉なことに「平和」と結びつくのは、「平等」ではなく、「格差」。そして「平等」に結びつくのは、「戦争」なのです。

国民国家的な体制を取っているかぎり、戦争が起これば、金持ちの子供も、庶民の子供も、「平等」に「戦争」へ行かざるを得ない。また戦費を調達するために、累進課税制を取らざるを得ない。「戦争」になれば、いやでも「平等」になるわけです。ピケティの『21世紀の資本』から読み取れることです。

「第一次世界大戦まで格差が構造的に減った様子はない。1870―1914年でうかがえるのは、せいぜいがきわめて高い水準で格差が横ばいになったということでしかなく、ある意味では特に富の集中増大を特徴とする、果てしない非博愛的なスパイラルなのだ。戦争がもたらした大規模な経済的、政治的なショックがなかったら、この方向性がどこに向かっていたかを見極めるのはとてもむずかしい。歴史分析と、ちょっと広い時間的な視野の助けを借りると、産業革命以来、格差を減らすことができる力というのは世界大戦だけだったことがわかる」（『21世紀の資本』山形浩生・守岡桜・森本正史訳、みすず書房）

するも、平等を最も確実に実現する方法は、第三次世界大戦ということになる。

池上　それが嫌ならば、格差を受け入れろ、ということになる。何とも皮肉なジレンマです。

■トランプ大統領で日本はどうなる？

池上　トランプが大統領になったら日本はどうなるでしょうか。トランプは日米安保条約について、「日本が攻撃されたら米軍が助けることになっているが、アメリカが攻撃されても日本は助けに来ない。これは不公平だ」と発言しています。米軍駐留経費も、現在の日本からの「思いやり予算」では不足で、全額を日本が負担すべきだと言っています。

佐藤　トランプの本音は孤立主義ですから、できれば外国駐留のアメリカ軍を本国へ引き揚げさせたい。

池上　トランプは、「アメリカ・ファースト」を主張しています。「アメリカのことが一番。アメリカさえ良ければいい」と。日本や韓国から米軍を撤退させる可能性にまで言及しているのは、「他国のことなど構っていられない」という意味です。

■アメリカ第一主義はアメリカの国是

池上　一見、トランプの発言は突飛に聞こえます。現代のわれわれにとっては、アメリカと言えば、「世界の警察官」というイメージだからです。ところが歴史的には、孤立主義こそアメリカの国是でした。

佐藤　トランプの孤立主義は、むしろアメリカの伝統に則っています。

池上　その孤立主義は、アメリカ国内では「モンロー主義」と言われてきました。一八二三年に第五代アメリカ大統領のジェームズ・モンローが議会で演説して提唱した外交方針に由来します。「南北アメリカ大陸以外には、アメリカは干渉しない」「ヨーロッパのことなどには関知しない」と。このモンロー主義は、ヨーロッパにとっては、アメリカの「孤立主義（一国主義）」となります。

佐藤　第一次大戦時も、第二次大戦時も、アメリカは、当初、不介入主義、中立の立場を取っています。第一次大戦後にウィルソン大統領が提唱した国際連盟も、モンロー主義を掲げるアメリカ議会の反対で、アメリカは参加していません。

池上　第二次大戦後、アメリカが孤立主義を放棄したのは、ソ連に対抗するためです。世界が社会主義化されるのを防ごうと、アメリカは世界各地に積極的に介入し、「世界の警察官」を自負するようになっていきました。

しかし、アメリカの歴史から考えれば、第二次大戦後の介入主義の方が例外と言えます。

■「世界の警察官」の思想――『光の子と闇の子』

佐藤　トランプが登場してきたアメリカ社会の文脈を理解する上で重要なのは、『光の子と闇の子』を一九四四年に出版したラインホールド・ニーバーだと思います。アメリカの孤立主義を打ち破る思想家で、民主党、共和党を問わず、大統領の演説で頻繁に引用されています。

彼の思想を要約すると、次のようになります。

アメリカは孤立主義で、ヨーロッパで起きる紛争などには関与しないでやってきたが、よく考えてみれば、われわれはピューリタニズムの国であり、一つの価値観をもとにつくった国だ。

聖書に、光の子と闇の子という概念があるが、この世においては、闇の子のほうに力があると書いてある。だから光の子は闇の子と戦わないといけない。闇の子がナチズムでありファシズムだ。そしてわれわれの世界には二つの光の子がある。一つはわれわれのデモクラシーだ。もう一つは集産主義（コレクティビズム）、言い換えれば共産主義だ。この光の子が一緒になって闇の子を潰さないといけない。

これが第二次大戦への参戦の論理です。そして戦後は、共産主義勢力が「闇の子」となり、反共思想を強めていきます。

要するに、トランプは、このニーバー的な「光の子と闇の子」という二分法による普遍主義、価値観外交をやめよう、と言っているのです。そうではなく、アメリカ・ファーストに戻ろう。パールハーバー（日本軍によるハワイ真珠湾攻撃）以前の本来のアメリカに戻ろう、と。

■日米安保と「核の傘」はどうなる？

佐藤　もしトランプが孤立主義を貫けば、日米安保も、米軍駐留なき安保体制になる可能性がある。そうなると辺野古基地も、問題自体が存在しなくなる。嘉手納基地からも米軍が出て行く。その代わり、日本は自主国防体制を取らなければならなくなる。

池上　さらには核抑止力はどうするのか、という話にもなります。

たとえば二〇一六年三月二六日の『ニューヨークタイムズ』のインタビューで、トランプは、在日米軍の駐留経費を日本が増やさなければ日米安保条約を見直して米軍を日本から撤退させ、日本の防衛に関しては「北朝鮮の核に対抗するために日本の核保有もありうる」と語っています。五月四日のCNNのインタビューでも、日本と韓国の核保有を容認する可能性について、「覚悟はできている。もし同盟国がきちんと対処し、我々に敬意を払わなければ、彼らは自力で防衛しなければならない」と述べています。

アメリカは、日米安保の「核の傘」で日本を防衛する方針を取ってきました。もし他国が日本を核攻撃したら、アメリカがその国に対して核兵器で反撃すると保証してきたのです。そこには日本の核武装を阻止する意味合いもありました。トランプの発言を文字通り受けとめれば、戦後アメリカの外交政策の大転換となります。

もっともトランプは、一見、過激な割に周到な前提条件をつけていて、インタビューの中で日本に核武装を認めることに関しても、「アメリカが国力衰退の道を進めば」という前提条件をつけています。これは「トランプが大統領になればアメリカが国力衰退の道は進まない」ということですから、実際は日本が核武装することはない、という意味にもなります。

佐藤　トランプの発言は、すべて真に受ける必要はありませんが、トランプの本音が、孤立主義にあることは間違いありません。だとすれば、海外駐在米軍のあり方を根本から見直す可能性があります。仮にヒラリーが大統領になったとしても、そうしたアメリカにおける孤立主義の高まりを無視するわけにはいかないでしょう。

■貿易面でも孤立主義

池上　ＴＰＰ（環太平洋経済連携協定）も、トランプが大統領になっても、ヒラリーがなっても、先延ばしになりそうです。ヒラリーもＴＰＰに反対と言っています。ただし、ヒラリーの場合は、大統領になったら態度を変える可能性があります。

佐藤　ＴＰＰの撤回は、アメリカにとって何を意味するか。まずアメリカ国内で白物家電と自動車の国産愛用運動が起きる。これは要するに、「ガソリンをまき散らすような車、子供が誤って入ってしまったり、運転音で眠れないような冷蔵庫などを愛用しろ」という運動です。

池上　その場合、アメリカの生活水準はどうなってしまうのか。経済面での孤立主義など、そもそも今の時代に成り立つのか。

しかしトランプは、貿易面においても、徹底的な孤立主義を主張しています。中国やメキシコと日本を同一視して、「不公正な輸出でアメリカの市場を奪っている」と非難して、「アメリカの製品が日本製と比較して品質が劣っているわけではなく、円安政策に原因があるのだ」と。大統領になれば、輸入品に大幅な関税をかけると明言していますし、さらに日本に円高政策を求めるか、みずからドル安政策に踏み切る可能性があります。

佐藤　トランプが大統領になれば、おそらくメキシコ、カナダ、ブラジルの三国との関係は緊張するでしょう。「南北アメリカ大陸以外には、アメリカは干渉しない」というのがモンロー主義です。南北アメリカについては、「俺の縄張りだから言うことを聞け」というわけです。状況によっては、ベネズエラに難癖をつけて、「石油をよこせ」と攻めて行く可能性もある。要するに、モンロー主義とは、アメリカの視線の方向が変わることを意味します。ヨーロッパにも、アジア太平洋にも、視線は向かず、南北アメリカ大陸の内側に向かうのです。

■米露関係の改善と中東情勢の激変

佐藤　ただし、トランプが大統領になれば、米中関係、米露関係は、劇的に改善するでしょう。「金持ち喧嘩せず」「強い者どうし喧嘩せず」です。

池上　とくにトランプとプーチンは相思相愛の関係にあります。

二〇一五年一二月の年次記者会見で、プーチン大統領は、トランプについて「大統領選で完全に先頭を走っている」「非常に輝かしく、才能ある人物であることに何の疑いもない」と述べています。他の候補がロシアの孤立化政策を訴えるのに対して、トランプが米露関係の強化を主張していたからです。

このプーチンの発言を受け、トランプも、「国内外で高く尊敬されている人物からほめられるのは非常に光栄なことだ」と、エールを互いに交換しました。

その後、トランプの過激な放言を受けて、プーチンは「彼は『派手な』人物だと言っただけだ」と発言し、トランプも、「プーチンに会ったことはない。プーチンがどんな人かも知らない」「彼は私のことを一度褒めてくれた。私のことを天才だと言ったんだ。『どうもありがとう』と私は新聞の紙上で礼を言って、それっきりだ。プーチンには会ったこともない」と、互いに多少軌道修正を図っていますが、両者の波長が合っていることは間違いありません。

とくに中東情勢に関して、両者の関係が大きな変化をもたらす可能性があります。

トランプは、二〇一五年九月、CNNのテレビ番組で、「ロシアはISISを排除したいと考えており、われわれもそうだ。ならばロシアの好きにさせればいい。ISISを排除させるのだ。気にすることなどない」と発言しています。シリア内戦への米国の深入りを避けるとともに、ロシアによる主導権の掌握を許容すべきだという主張です。この点は、モンロー主義として一貫しています。

中東に関してトランプは、「中立の立場をとる」と表明しています。要するに、「イスラエルへの肩入れはしない」と言っているのです。

佐藤　そうなると、かなり劇的な変化が起きるかもしれません。イスラエル、イラン、トルコの関係が劇的に改善する、という可能性です。要するに、これは、「アラブ」の混乱を「非アラブ」によって抑え込む、という発想ですが、十分あり得ます。この構図の中で、イスラエルとロシアの関係も劇的に改善する。

池上　すでに二〇一六年四月と六月にはイスラエルのネタニヤフ首相がロシアを訪問してプーチン大統領と会談しています。

佐藤　ウクライナ問題をきっかけとした対露制裁に、イスラエルも、アメリカから「対露制裁の仲間に入れ」と言われてきましたが、「うちは小さな国なんで、周りの国とのことで手一杯なんで、そういうことには巻き込まないでください」と逃げ回っていました。従来ほどに「アメリカの後ろ盾」を当てにできないとすれば、イスラエルにとってロシアとの関係はいっそう重要になります。

■トランプに従わない米軍?

佐藤　ところが、トランプが大統領になっても、アメリカのエリート層がすんなり従うかどうかは分かりません。

たとえば、二〇一六年二月、テレビ番組で、ヘイデン元米中央情報局(CIA)長官は、トランプが軍最高司令官である大統領に就任した場合、「米軍は命令に従わないだろう」と発言しました。「拷問は効果的だ」というトランプの発言を念頭に、「"トランプ大統領"による統治を非常に懸念している」と述べ、「テロリストの家族の殺害も必要」というトランプの持論に関して、「あり得ない。彼がそのような指示を出したら、米軍は行動することを拒むだろう」と述べています。

この種の感情は、インテリジェンスの人間なら、さらに強く抱いていると思います。

「アメリカの国体を護持しなければならない」という感覚です。

池上　忠誠を誓うのは、「大統領」ではなく、「アメリカの国体」に対してだ、という**佐藤**　そうです。その場合、アメリカのエリートは、「トランプ劇場」で表向き騒がせておいて、実際の政策は、諮問会議やウォールストリートで決める手を使うでしょう。トランプが言うことを聞かない場合は、マスメディアを通じて徹底攻撃する。あるいはネットでの発信を通じて攻撃する。その点、グーグルまでが反トランプ陣営に入ってきたのには、大きな意味があります。

■諮問会議による民主主義の迂回

佐藤　トランプが大統領になった場合、注目すべきなのは、新政権がどういう諮問会議をつくるかです。大統領に直結して、議会での手続きが不要で、いわばまったく無責任な立場で参加できるのが、諮問会議。この会議のメンバーに誰がなるか。

少々乱暴に、アメリカを「ワスプ（WASP＝イギリス系白人のプロテスタント）が支配する国」と考えた場合、ワスプが共和党に自分たちの利益を代表させようとしても、ラティーノや黒人の支持が得られないから、選挙では絶対に勝てない。かといって、民主党の政策も、ワスプにとっては受け入れがたい。すると、ワスプにとって、誰が大統領になっても自分たちの利益を確保する方法、民主的な手続きを経ない迂回路をつくっておくことが重要になります。

その意味で、トランプは非常に便利な存在です。これだけ派手な人物ですから、こんな諮問会議が必要だ、これによってアメリカにとっての良きものが守られるのだ、という宣伝にも説得力が出てくる。

古い本ですが、これは、C・W・ミルズが『パワー・エリート』(一九五六年)で次のように描いている統治構造の変化です。

「現代の複雑な政府機構の内部では、大統領は、個人的助言者からなる『内輪《インナー》のサークル』をますます必要とするようになった。かれが、改革者たろうとするばあいには、とくにそうである。自分の政策を創始し実行するためには、かれは、一身を捧げてかれを助けてくれる人々を必要とする。(略) かれらは、職業政治家あるいは専門官吏であるばあいもある。しかし、通常のばあいは、そのいずれでもない」(鵜飼信成・綿貫譲治訳、東京大学出版会)

民主主義が機能不全に陥っている今日において、「諮問会議」のような政策決定のあり方は、先進国に共通の現象です。日本でも、小泉政権以来、その傾向が強まっています。

■旧エリートと新エリートの闘い

池上 おっしゃる通りです。ただ、政権を担うエリート層が、政権交代ごとに大きく入れ替わるところに、アメリカ政治の特徴があります。

民主党と共和党には、それぞれの系統のシンクタンクがあり、両党間で政権交代が起きると、おおよそ五〇〇〇人程度が入れ替わります。

その点、トランプには、共和党系のシンクタンクがついていません。もし政権を取ったらどうなるのか。閣僚や高級官僚は、どういう人たちで固めていくのか。

佐藤 権力党ですから、さまざまな連中が寄りついてくるでしょうが、トランプ大統領になっても、政権スタッフは、一見、まともな感じはすると思います。

ところが問題は、民主的な手続き、あるいはエリート選抜の正式な手続きを経ずに、トランプとの距離関係で、すべての政策が密室で決められていくことです。アメリカの政治制度は、もともとその種のリスクを抱えています。その傾向がさらに露骨になる可能性がある。

おそらく何人かのキーパーソンがトランプの側近になり、そこで人選が行われる。これはロシアのエリツィン政権と同じです。これによって、偶然に行き当たりばったりのエリート集団がつくられます。

共和党なり民主党なりのエスタブリッシュが「旧来型のエリート集団」だとすれば、彼らは、正式な選抜手続きを経ずに恣意的に形成された「新エリート集団」です。この新旧のエリートの間で熾烈な闘いが行われるわけです。

新エリート集団は、「トランプとの距離が近い」という人的関係のみを基準に形成され、官僚の資格試験などをクリアしていませんから、当然、質は落ちます。しかし政治的な力はある。

この新旧エリートの闘いにおいてポイントになるのは、新エリート集団が利権構造を持てるかどうかです。利権構造を手にすれば、そこでエリートの入れ替えが起きます。そして入れ替えが起きれば、政権運営、政策決定は、トランプの意向に近いものになる。ですから、トランプとしては、新エリート集団の利権構造を守ろうとするでしょう。

■外交官も政治任用

池上　日本と違って、アメリカでは、高位の官僚は、ポリティカル・アポインティー、つまり政治任用で、ここにアメリカの政治体制の特徴があります。

外交においても同様で、アメリカの外交官試験に合格して国務省に入っても、課長までにしかなれない。局長以上は、政治任用です。

佐藤　政治任用される外交官は、会食などの外交活動費を自分で用意しなければなりません。外交官に政治任用されるには、お金が必要なのです。

そのため、公職に就かない間に、投資銀行に入ったり、さまざまな企業の顧問になったり、たっぷり数十億円程度は稼いでいないと、まともな外交活動はできません。

在日アメリカ大使館のスタッフでも、ホテルオークラやニューオータニで会食しているのは、国務省職員ではなく、CIA職員です。国務省にそんな予算はありません。CIAの方は青天井ですが。

池上　これは、ある種の都市伝説風ですが、「政権交代が起きると野良犬が急に増える」と言われています。ワシントンで犬を飼っていた高官連中が解任されて、犬を放置して故郷に帰るからだ、というのです。ワシントンでは、それほど大幅な人の入れ替えが起こります。

■新大統領の運命を左右する下院・上院選挙

池上　大統領選挙と同時に、下院の全議員と上院議員の三分の一の選挙が行われますが、就任後に新大統領がどこまで力を持てるかは、議会の選挙結果に大きく左右されます。議会選挙で民主党と共和党のどちらが伸びるかが問題になってくる。とくに上院は各省長官の承認をするかどうかの公聴会を開きます。トランプが指名した長官をことごとく不承認にしたりしたら、政治は大混乱に陥ります。ヒラリーが勝利する場合でも、議会との間に捻じれが生じれば、同様に混乱が生じるでしょう。

■教育が格差をつくりだす――学費の高騰

佐藤　「経済」の格差の壁を乗り越えるには、「教育」を受けられなければなりません。しかし、いまや「教育」が格差をつくり出しています。

とくにアメリカではその傾向が顕著です。山口真由さん（東大法学部を首席卒業、財務省勤務の後、弁護士）の話によると、二〇一五年にハーバード大学に通ったところ、一〇カ月で七万ドルかかったそうです。ロースクールを出るまでに六年かかるとすると、総額五〇〇〇万円程度かかることになります。ウォールストリートで働いている親でも、なかなか出せない金額です。

池上　ハーバードのロースクールは特に高い。ヒラリーが出たウェルズリー大学（女子大）は全寮制で、食事代込みで年間四万五〇〇〇ドル（四五〇万円）程度。州立大学では、州出身者はかなり安くなる。それでも日本円で二〇〇万円くらい。それ以外は年間四〇〇万円くらいはかかるでしょう。

■サンダースが支持される理由

池上 アメリカの学生は学費のほとんどをローンで払います。日本の大学生の場合は、だいたい親が学費を出してくれるから、真面目に勉強しなくなるようですが。

佐藤 アメリカでも、富裕層は親が出してくれます。

池上 そうですね。ただ、大多数は学費ローンを組んでいる。自分で金を出すから真面目に勉強するわけです。

大統領経済諮問委員会によれば、学費ローンの残高は一人当たり約三万ドル（約三二〇万円）。卒業後にすぐに働いてローンを返し始めますが、就職がうまくいかなかったり、非正規雇用だったりすると、学費ローンを払えずに破産してしまう。そういう若者が数多くいます。

学費ローンは、かつては必ず返すものでしたから、学費ローン債権を担保にした証券も売り出されています。ところが、これが、リーマン・ショックを招いたサブプライムローンと同じように、危うい不良債権になっています。

そんな環境に置かれた若者たちにしてみれば、「公立大学授業料は無料にしよう」と叫ぶサンダースは魅力的です。財源はどうするのかと言えば、「ウォールストリートの投機家に課税すればいい」と。冷静に考えれば、「サンダースが大統領になっても議会多数派が共和党ならそんなことができるのか?」と、現実性に疑問を感じますが、格差社会に不満を持つ学生たちは熱狂するわけです。なにしろ、オバマ大統領も、学費ローンの支払いを終えたのは、大統領に就任する直前でしたから。

■日本の学費も高騰

佐藤 現在、日本の学費も高騰していますが、このまま続けば、アメリカの大学と同水準にはならないとしても、現在の倍くらいになる可能性がある。

池上 私が大学に入学した頃は、国立大学が年間一万二〇〇〇円、私立大学は八万円程度でした。

これが、「国公立と私立で差がありすぎる、学費の差をもっと縮めるべきだ」と問題視されるようになり、国立大学の学費を上げました。これで両者の差が縮まることにはなりましたが、現在、東工大の初年度学費は五十数万円です。私立大学の初年度は、おそらく百数十万円でしょう。文系でも学費が高いところでは、一五〇～一六〇万円程度。もちろん医学部はさらに高い。

佐藤　日本でも奨学金を返せなくて自己破産するケースが出ています。法科大学院などに進めば、費用は一〇〇〇万円を越える場合もありますから。

池上　無視できないのは、かつての日本育英会が、いま日本学生支援機構となって、返済が遅れているローンをすべて債権回収会社に引き渡していることです。

佐藤　二〇〇一年に日本育英会債券を発行し、日本育英会から日本学生支援機構へと組織変更されることで、奨学事業は金融事業へと変貌してしまいました。しかも、金融事業として考えても、かなり厳しい取り立てです。まず保証人を立てない場合は、機関保証料を支払う必要があります。月額一〇万円の貸与なら、機関保証料は月額約六〇〇〇円にもなります。また返還期日を過ぎた場合、ペナルティとしての延滞金がかかります。ペナルティの利率は一〇%だったのが、二〇一四年に五%に下がりましたが、かなりの負担です。回収のやり方も問題で、延滞が四カ月になった時点で債権回収会社に回収業務を委託し、延滞九カ月で裁判所を利用した督促に切り替わります。また一般的な金融業者とも異なり、債権のカットなどにもほとんど応じません。日本学生支援機構は、『闇金ウシジマくん』にかぎりなく近いことをやっている。

池上　日本育英会というと、昔は本当に困っている学生を助けてくれる、というイメージがありました。

■「教育」の逆説――格差解消ではなく格差拡大を助長

佐藤　教育の場でもこれだけ格差が拡がってしまうと、真ん中より下の階層は、どうせ勉強してもしようがない、という意識が芽生え、階層がさらに固定化していきます。イギリスの文化社会学者、ポール・ウィリスの『ハマータウンの野郎ども』（熊沢誠・山田潤訳、ちくま学芸文庫）で描かれている世界です。

「野郎ども」というのは、イギリスのハマータウン（仮名）という町の中等学校で学業に背を向けた労働者階級の男子生徒の集団のことで、彼らは始めから「出世志向を潔しとしない」という対抗文化を形成するのですが、それは、教育が人々に平等をもたらす、というより、教育が人を選別する機能を果たしていることを彼らが正確に見抜いているからです。

「教育の理念的な枠組みに縛られた学校は、少数者だけが個人的に成功できる条件を全員が従うべき条件として提示する。それで全員が成功するわけではないという矛盾はけっして明らかにされないし、優等生のための処方箋を劣等生が懸命にこなそうとしても無効であるかもしれないことについては、学校はおし黙っている。（略）よりよい学業成績のために努力すればかならず報われると言いつつなお、成績だけがそのひとのすべてを測る尺度ではないと言う、この曖昧さ」（『ハマータウンの野郎ども』）

しかし、教育の本質の一端を見抜いた彼らが、その独自の対抗文化を形成しても、それで幸福を手にできるわけではありません。むしろその後の人生で二重の意味の牢獄を味わうことになる。

「ひとたび選択し終えた労働者の人生はいかなる意味でもやり直しはきかない。職場文化の見習工時代がひととおり終わるころ、すなわち、不快な環境で他者の利益のために骨身を削る生産労働の実情がよりくっきりと見えてくるころ、かつて学校がそう見えたように、職場は牢獄の観を呈しはじめる。かつての生気にあふれた〈野郎ども〉は、二重の意味でその牢獄にはめこまれたのだ。皮肉なことに、職場が牢獄のように見えてくればそれだけ、教育こそがそこからまぬがれうる唯一の脱出口であったという事情が了解される。だが、

もはや手おくれなのである」(同)

池上　格差の壁を超えるにはやはり教育が重要だ、ということに彼らも気づくのですが、教育はむしろ子供たちを選別する機能を果たしている。格差の解消ではなく、格差の固定化を教育が促してしまっている。

佐藤　階層の固定化が進むなかで、どの国でも、こういう世界がますます拡がっていきます。いくら大学を出ても、あまり偏差値の高くない大学では、勉強は嫌いだ、勉強はしないといって、その人たちが社会の底辺を支える、という文化ができていく。そして民主主義制度では、この階層がボリュームゾーンですから、必ずその影響は政治にも及んで、反知性主義、ポピュリズムにますます左右されるようになります。

■富裕層の教育戦略

佐藤　他方で、とりわけアメリカの富裕層は、民主主義社会の中でも教育を通じて自分たちの特権をしたたかに守る戦略を持っています。

最近、ハーバード大学の入試要項を見て驚きました。外国人の入学資格にTOEFL試験が課されていなかったからです。他大学ではTOEFLが必要なのに、ハーバードは書類審査だけ。ということは、金を出せば入れる、ということです。実際、中国人学生が増えているそうです。

たとえば、日本の東大を卒業して、役所や大手証券会社に入った後に飛び出して、アメリカの投資銀行で成功している人でも、年収は最高で五億円くらい。この種の仕事で一〇年も続けられる人はいませんから、一〇年後はどうなっているか分からない。

ですから、日本のエリート層から米国の投資銀行に人材が流れているといっても、大した数ではない。そもそも疲れてボロボロになるのも多くて長続きしない。官僚組織や民間組織で鍛えられるはずの一〇年間をつまらないマネーゲームに費やして、おそらくほぼ全員脱落する。そうなると、その子供たちもハーバード大学に入ることもない。こういう回路で日本のエリート層が再生産されることはまずありません。

ところが、アメリカの超富裕層は、その辺のコツをよく分かっている。自分たちの財産を無事、次世代に引き継ぐ仕組みをうまくつくっている。

親の資産の株などあっても、子供たちはそれで勝負することなく、引き継いでじっと保有している。私がよく知るロシアの富裕層も同じです。

こうなると、格差が固定して新しい身分制のようになってきます。これを打ち破ろうとしても、結局は、笑いものになるような政治家しか出てこない。エスタブリッシュされている連中からすると、そんなのは本当の脅威にはなりにくい。

池上　そうですね。ただ、アメリカ社会には、新しい動きも見られます。民主党のサンダースが予備選で粘り強い戦いぶりを見せた背景には、「ミレニアル世代」と呼ばれる若者の存在がありました。「二〇〇〇年代（ミレニアム）の若者たち」という意味ですが、子供の頃からインターネットなどのデジタル機器に親しみ、高学歴者が多いのが特徴です。

彼らに支持されたサンダースは、ヒラリーが代議員の過半数を獲得して勝利を決めた後も、予備選を戦い続けました。二〇一六年七月の民主党大会のぎりぎりまで戦い続けることで、一一月の大統領選本選に向けた民主党の政策綱領に自分の主張を盛り込むことが、サンダースの戦略でした。その結果、「公立大学の学費無償化」「時給一五ドルの最低賃金」というサンダースの主張が政策綱領に盛り込まれました。ヒラリーも「ミレニアル世代」の若者の動向を無視することはできず、彼らの存在は、大統領選本選にも一定の影響を与えるでしょうし、大統領選本選の結果がどうなろうと、その後のアメリカ政治にも何らかの影響を及ぼしていくと思われます。

5

世界最古の民主主義国のポピュリズム

——英国 EU 離脱——

EU 離脱決定を受けて、
これまで考えられなかった現象が生じている。
多くの英国人がアイルランドのパスポートを求めている。

佐藤優

■EU離脱を主張したポピュリズム政治家

佐藤　米国の大統領選でのトランプとサンダースの躍進と同様に、英国のEU（欧州連合）離脱の背景にも、エリート層に対する大衆の不満が見てとれます。

池上　二〇一六年六月二三日に英国で実施された国民投票で、離脱派が僅差で勝利し、英国のEU離脱を選択しました。

英国のEU離脱は、「ブリテン（英国）＋エグジット（離脱）」で、「ブレグジット（Brexit）」と名づけられましたが、ブレグジットを主張したイギリスのボリス・ジョンソンは、「自分たちの国のことが一番大事だ」と金髪を振り乱して吠える点で、トランプと、まったく瓜二つです。

ジョンソンは、前ロンドン市長で、保守党の政治家です。移民や出稼ぎ労働者に仕事を奪われることに危機感をもつ白人たちを扇動して支持を得ようとするポピュリズム政治家で、まさに「イギリスのトランプ」です。イギリス国内では、同じような髪形のトランプとジョンソンがキスをしている壁画が描かれ、話題になりました。

英国のEU離脱派の主張の背景には、おそらく、アイルランドやコモンウェルス（イギリス連邦。かつての大英帝国がその前身で、イギリスと植民地であった独立の主権国家から成る、緩やかな国家連合）との関係強化で何とかなるという抜け道があるのでしょう。

佐藤　イギリスは、実際は、一国でポンドという独自通貨を持つような力は持っていませんが、旧植民地とのコモンウェルスのネットワークが強い。そこでは人、物、金の移動の制限はもともとかなり緩かった。だからシェンゲン協定（出入国審査なしでヨーロッパ国家間の移動を認める協定。イギリスとアイルランドは参加していない）がなくたって困らない。コモンウェルスから人が入ってくるからです。

池上　しかし離脱派は、現実とはかけ離れたバラ色の主張を振りまいていました。「EUを離脱すれば、EUへの分担金（週当たり約四八〇億円）が浮くので、これを国民保健サービスに使える」「EUを離脱すれば、移民を受け入れないで済む」「EUを離脱しても、従来通り、EUとの関税なしの貿易は続けられる」

しかし、こう主張していた離脱派の政治家は、国民投票の後になって、「あのスローガンは過ちだった」「可能性を言ったにすぎない」などと、公約がウソだったことをみずから認めています。

佐藤　結局、ボリス・ジョンソンは、キャメロン前首相の辞任に伴う保守党の党首選に出馬すらしませんでした。火中の栗は拾わないのです。

■国民投票が招いた国家統合の危機

佐藤　そもそも、国民投票の実施を決めたキャメロン前首相からして、リーダーとしての責任を免れません。

池上　この国民投票は、日本の地方自治体で実施している法的拘束力のない住民投票と似ていますが、投票率は七二・二％にも達し、とても無視できるものではありません。しかも首相みずからの意向で実施したものなのですから。国民投票で国民の意見を聞くということがいかに危険なことか。そういう逆説を証明してしまいました。

佐藤　キャメロン前首相は、おそらく最後には国民を操作できると思っていたのでしょう。その意味では、イギリスも、民主的な国家とは言えません。

キャメロンには、二〇一四年のスコットランド独立に関する住民投票で、危うかったけれども、結局は独立反対派が勝ったという成功体験がありました。今度もEU残留に向けて総力を挙げれば勝てると思っていたのが、むしろ国家的危機をみずから招いてしまいました。

イギリスというのは、「グレートブリテン及び北アイルランド連合王国」であって、一民族による国民国家ではない。民族を示す言葉が国名にいっさいありません。それなのに今回の国民投票をきっかけに、スコットランドにも、ウェールズにも、北アイルランドにも、イングランドに対抗するナショナリズムの火がついてしまった。EU離脱をめぐる国民投票によって、かえって「同君連合王国」を今後も維持できるかどうかという、国家統合の危機に陥ってしまったのです。

池上　本来、政治に口出しをしてはいけないエリザベス女王までもが「EUの分裂は危険」と敢えて発言していただけに、投票結果は衝撃を与えました。

■スコットランド独立

佐藤　英国のEU離脱で、スコットランド独立も再び現実味を帯びてきます。

池上　二〇一四年に、スコットランドで英国からの離脱（独立）を問う住民投票が実施されましたが、反対五五％、賛成四五％で、独立派が敗れました。しかし、再度の実施を求める声が高まっていて、スコットランド政府も、二回目の実施に向けた動きを見せています。

スコットランド域内では、英国のEU離脱をめぐる国民投票で、EU残留票が離脱派を大きく上回りました。今回の英国のEU離脱決定は、むしろスコットランド独立の動きを活性化させ、住民投票が再度実施されれば、独立派の勝利は大いにあり得ます。英国のEU離脱は、スコットランドの英国離脱の引き金になる可能性があります。

佐藤 スコットランド選挙区に割り当てられたウェストミンスター（英国）議会の五九議席中五六議席を、独立を掲げるスコットランド国民党が占めています。ですから、住民投票が再度実施されれば、おそらく独立賛成が過半数を占めます。

■英国EU離脱とスコットランド通貨問題

佐藤 しかし、スコットランドが独立した場合、通貨が大きな問題になります。ポンドを使うのなら、英国への経済的従属が続きます。しかし、独自通貨を持つだけの国力はない。すると、EUに加盟してユーロを使うのが、最も現実的です。

ところが、EUには加盟国の満場一致の賛成がなければ、新たな加盟はできない。英国が拒否権を持つEUのメンバーであるかぎり、スコットランドは、EUに加盟もできないし、ユーロも使用できない。すると、独立スコットランドは、深刻な通貨危機に直面して、結局、頭を下げてポンドを使わざるを得なくなる。

この通貨問題が、潜在的に、スコットランド独立の抑止要因として働いていました。にもかかわらず、英国はEU離脱を選択してしまったのです。これによって、スコットランドのEU加盟が可能になります。そして、英国との貿易には関税がかかるから、EU各国の企業は支店をロンドンからスコットランドのエジンバラに移す。ここならユーロで、関税がかからないし、ハブになる空港もある。ですから、スコットランドの独立派は、英国のEU離脱決定を密かに期待していたはずです。

池上　英国のキャメロン政権が必死に離脱を止めようとしていたのは、経済の中心という地位を英国とロンドンが失うのを恐れたからですね。

佐藤　英国が離脱したEUにスコットランドが加盟すれば、シティの金融機関もエジンバラに逃げます。

池上　実際、そういう議論が一部で出ていました。

佐藤　そもそもスコットランドは、歴史的にフランスと関係が深い。そして、スコットランドは、グリニッジ標準時ではなく、中央ヨーロッパ標準時を採用すればよい。

池上　なるほど。そうすると、金融市場は、エジンバラの方がロンドンより一時間早く開きますね。これは面白い。

佐藤　そうなると、ロンドン市場は、エジンバラ市場の株価に追随するほかなくなります。

池上　しかしそうなると、スコットランドに基地のある核ミサイル搭載原潜をどこに置くかの問題が生じます。スコットランドは非核化政策を採るでしょうから。

佐藤　おそらくイングランド南西部のプリマスに置くほかないでしょう。ただ、そうなると、プリマスの平目が売れなくなる。あそこの平目は美味しいのですが。海峡の流れの関係で、ちょうど関サバのような感じです。

■EU離脱はどう実行されるのか？

池上　今回、英国が国民投票でEU離脱を選択したからといって、離脱がすぐに実行されるわけではありません。

EUへの通告から二年を経て、離脱が実施されることになっていますが、英国の新首相テリーザ・メイは、「二〇一六年内にEU離脱手続きを開始することはない」と述べ、手続きをいつ開始するかについては、いっさい明言していません。

離脱の手続きは、リスボン条約（EU基本条約）の第五〇条に定められていますが、非常に簡素な条文に留まっています。一応離脱も可能だけれども、実際にそんな国は出てこないだろう、と想定していたことがよく分かります。

この条項によると、離脱手続きは、離脱を求める国がEU理事会というEUの最高意思決定機関に通告するところから開始されます。手続き中は、EU加盟国としての義務と責任が継続し、通告から二年経過したところで、EU法の適用が消滅します。この間に英国がEUから有利な条件を引き出せなければ、イギリスは自動的にEUから追い出されます。ただし、すべてのEU加盟国が賛成すれば、期間を延長できます。

英国のEU離脱がどのように実現されるのかは、まだはっきりしていません。今後、英国とEUとの間でさまざまな駆け引きが生じるはずです。

■アイルランドのパスポートを求める英国人

佐藤　ただ、EU離脱決定を受けて、これまでは考えられなかったような現象がすでに生じています。

新聞では小さな扱いでしたが、EU離脱の国民投票の結果を受けて、英国人のアイルランドのパスポート（旅券）申請が急増しています。窓口での旅券申請の処理件数は、一日約二〇〇件だったのが、一日四〇〇〇件にまで急増して、手続き業務の過大な負担から、アイルランド政府が申請者に自制を求める事態になっています。

英国では二重国籍が認められています。そして、父母か祖父母がアイルランド国籍である者、二〇〇四年までにアイルランドで生まれた者、さらに北アイルランドの住民は、アイルランドのパスポートを取得できます。それで資格に該当する多くの英国人が窓口に殺到している。

アイルランドのパスポート、つまりEU旅券を手にすることで、英国がEUから離脱した後も、EUの中を自由に旅行できるし、就職もできるのが魅力であるわけです。

池上　しかし、英国がアイルランドを抑圧してきた長い歴史があったわけで、英国人がアイルランドのパスポートを欲しがるなどということは、かつてはあり得なかったことです。アイルランド人が、英国のパスポートを欲しがるのならわかりますが。

佐藤　ここから一つ言えるのは、個々の英国人は、国家の原理より、経済の原理で動いているのではないか、ということです。EUで就職できるというチャンスに飛びついている。

また、今後、英国とアイルランドの国境管理がどうなるか問題になるはずです。

一九八六年から一九八七年にかけて英国に滞在した当時、英国からアイルランドへ行くには、ビザはもとよりパスポートも不要でした。逆に言うと、アイルランドに入国できれば、そこから英国に入国するのは容易でした。国境管理がないからです。

アイルランドの通貨は、アイルランド語で「プントゥ」と言います（英語では「アイリッシュ・ポンド」）。英国のポンドは、アイルランドでも使えましたが、アイルランドのプントゥは英国では使えない。そしてプントゥの実勢レートはポンドよりも一割低く、一プントゥ両替すると〇・九ポンドにしかならない。けれどもコインのサイズが全く同じで、英国に大量のプントゥ硬貨を持ち込んで、パブにあるスロットマシンなどで使うと、当った場合、出てくるお金は、英国のポンド硬貨になる。これを大規模にやる連中がいて、特に北アイルランドで深刻な問題になりました。

それほど、アイルランドは、英国との間の国境管理ができていないのです。逆に、英国からすると、アイルランドが抜け道になっている。

しかし、英国がＥＵを離脱すれば、ここがＥＵ国境になるわけで、問題になるはずです。

池上　それともう一つ、英国のEU離脱決定後の動きとして気になるのは、スウェーデン、デンマーク、オランダ、フランスなどでも、国民投票を求める機運が高まっていることです。ヨーロッパ各国で、ポピュリズムや極右の動きが勢いづいています。

二〇一六年六月一七日には、オーストリアの極右政党の自由党の呼びかけで、フランスの国民戦線のマリーヌ・ルペン党首、ドイツの「ドイツのための選択肢」、各国の反EU政党の代表がウィーンに集結し、イギリス、ベルギー、イタリアの関係者も参加しました。

呼びかけ人の自由党のハインツ・シュトラーヒェ党首は、「欧州諸国の愛国者よ、団結して前進しよう」と呼びかけたのですが、各国の極右勢力が「団結」するという、奇妙な会合でした。

6

国家VS資本

――パナマ文書と世界の富裕層――

資本の論理からすれば、節税は当然だが、
国家にとって租税回避は、国家への反逆に類する。
これは、国家対資本の闘い、見えざる第三次世界大戦だ。

佐藤優

■富裕層の富の独占とパナマ文書

佐藤　ここまで、新自由主義の浸透と格差の拡大によって、先進各国の既存の政治体制が大きく揺れ動いていることを見てきましたが、「パナマ文書」が国際社会で大きな問題になったのも、これと同じ文脈です。

池上　「パナマ文書」とは、パナマの法律事務所「モサック＝フォンセカ」が所有していたデータのことです。この法律事務所が四〇年間にわたって関与したペーパーカンパニーなどの資料が、ドイツの『南ドイツ新聞（ジュートドイチェ・ツァイトゥング）』に持ち込まれ、「国際調査報道ジャーナリスト連合（ＩＣＩＪ）」が裏付け取材をした内容が、二〇一六年四月三日に一斉に報道されました。これによって、各国首脳やその親族らが、英国領バージン諸島などのタックスヘイブン（租税回避地）を利用していたことが明らかとなり、国際社会に衝撃が走りました。

佐藤　なぜこれだけ衝撃を与えたかと言えば、貧困層だけでなく中間層の生活基盤も脅かしつつある経済格差の拡がりが、世界各国に共通する問題として認識されているからです。「ウォール街を占拠せよ」というデモが行われたり、ピケティの『21世紀の資本』が世界的ベストセラーになったりしたのも、世界中で富裕層による富の独占が問題視されているからです。「パナマ文書」は、まさに「富裕層による富の独占」を目に見える形で知らしめるものでした。

池上　まず槍玉に上がったのは、アイスランドのグンロイグソン首相。本人の名前が出ていたために、すぐに辞任に追い込まれました。それから、ウクライナのポロシェンコ大統領、サウジアラビアのサルマン国王、英国のキャメロン前首相の父、中国の習近平国家主席の義兄、ロシアのプーチン大統領の親友など、世界各国の首脳やその親族の名前が多数ありました。たとえば、キャメロン前首相などは、財政健全化を掲げて緊縮政策を進め、合法的な節税行為まで批判してきた当人ですから、国民の怒りを買うのも当然です。

佐藤　モサック＝フォンセカが行っていたのは、節税したい顧客の依頼を受けて、タックスヘイブンに実態のないペーパーカンパニーを設立することです。顧客は、このペーパーカンパニーに資金を移すことで節税を行っていました。

池上　これは「合法的」に納税額を減らす仕組みです。たとえば、イギリス領バージン諸島で会社登記をすると、登録料さえ払えば、あとはどれだけ稼いでも税金はかかりません。こうすれば、世界中から富裕層が会社登記をしますから、登録料だけでもかなりの収入を得ることができる。

佐藤　主なタックスヘイブンを挙げますと、ヨーロッパのモナコ公国やサンマリノ共和国。中米のパナマ。カリブ海のバミューダ諸島、ケイマン諸島、バハマ。英国領のマン島、ジャージー島。中東のアラブ首長国連邦のドバイやバーレーン。

池上　モサック＝フォンセカのような事務所がパナマにあるのは、もともとパナマ自体が、タックスヘイブンの一つだったからです。ところが、各国からの圧力で、取締りを厳しくせざるを得なくなり、パナマの法律事務所が受け口になって、イギリス領バージン諸島やケイマン諸島などを紹介する仕組みになっている。

佐藤　タックスヘイブンは、いずれも小さな国や地域や島で、アラブ首長国連邦は別にして、産業や資源に恵まれていない地域です。こうした国や地域にとって、タックスヘイブン化は、外貨獲得の手っ取り早い手段になります。

池上　自分たちの資産を守りたい各国の富裕層にとって、タックスヘイブンは貴重な存在です。しかも、顧客のプライバシーを徹底的に守ってくれるので心強い。

佐藤　グローバリゼーションの進展によって、現在、少しでも節税したい多国籍企業や富裕層と、少しでも税収を上げたい各国政府との間でいたちごっこが始まっています。しかし、実は、そのタックスヘイブンで資産を増やしている当の富裕層が、各国政府を牛耳っている、という皮肉な構造になっています。

池上　『パナマ文書』(バスティアン・オーバーマイヤー／フレデリック・オーバーマイヤー著、姫田多佳子訳、KADOKAWA)を読むと、英国の対外秘密情報部MI6を始め、実は各国の秘密情報機関も、タックスヘイブンを大いに活用していることが分かります。

■パナマ文書の情報源はどこか？

佐藤　ただ、今回の「パナマ文書」の流出の仕方は、何かすっきりしないものを感じます。

租税回避のためにペーパーカンパニーをつくるような会社は、セキュリティに関しては、NSA(アメリカ国家安全保障局)の出身者のような人材をリクルートするはずです。ですから完全防御で、通常、個人では破れない。

池上　簡単に破られるものであれば、多国籍企業や富裕層も、依頼するはずがありません。本来、漏れるはずのない情報が漏れたために、これだけのスキャンダルになりました。名前が挙がった当人たちが一番驚いたのではないでしょうか。

佐藤　それが破られたということは、個人ではなく、どこかの組織が入っているようにしか思えません。

池上　取材源の秘匿は、ジャーナリストのイロハなので、情報源が明らかにされることはまずないでしょう。もちろん、テロ資金や大がかりな脱税の証拠が出てきたら、言論の自由、表現の自由はおかまいなしに、それぞれの国が強制捜査をやるでしょうが。

佐藤　最終的にソースは出てこないと思いますが、モサック＝フォンセカ社は、「ハッキングで取られた」と言っている。しかし常識で考えれば、顧客リストやデータはスタンドアローンで保管するものです。

池上　そういう情報をインターネットに常時つなげているはずはありませんね。

佐藤　これがスノーデンのような個人だったり、ウィキリークスのような、どちらかというとアナーキズム的傾向を持つグループだったりしたら、「正義の闘争のためにわれわれがやった」と明らかにするはずです。

ところが今回、情報源があくまでも匿名なのが不可解です。そう考えると、どこかで情報機関が絡んでいるのではないか、と。

一つの仮説にすぎませんが、『南ドイツ新聞』の本社は、ミュンヘンにあります。ミュンヘンにある官庁は、ドイツ連邦情報局。ですから、これは連邦情報局の仕事だという可能性がある。

池上　確かにドイツの政治家は出てきません。それと不思議なのは、アメリカの政治家も出ていない。タックスヘイブンの利用ということであれば、アメリカが関係していないはずはないのに。

佐藤　モサック＝フォンセカが、アメリカとは取引をしていないだけなのかもしれないというのも、スイスの銀行の秘密口座も、アメリカの圧力で閉鎖されましたから。

池上　かつて富裕層の資産を守っていたスイス銀行の「秘密保持文化」も、二〇〇九年に米国人の脱税を幇助したとして、米国がスイスの大手銀行ＵＢＳに巨額の罰金を科したことをきっかけに大きく崩れました。スイスの銀行口座も、かつてほど秘密ではなく、スイスに資産を隠した各国の富裕層も、次第に、捜査対象になっています。国際サッカー連盟（ＦＩＦＡ）幹部の汚職に関するスイスの銀行口座情報も、アメリカの当局に提供され、不正の解明につながりました。

■狙いはイギリス？

佐藤　ですから、アメリカ当局の監視の目を掻い潜って脱税するのは難しくなっている。モサック＝フォンセカもアメリカとは取引していないのではないか。これほどの情報は思惑がなければ誰も流さない。情報提供者の狙いは、英国なのかもしれません。

これも仮説の一つにすぎませんが、英国がターゲットだとすれば、その目的はどこにあるのか。この問題の根底には、各国の為替ダンピング競争があります。

池上　アメリカの大統領選でも、日本の円安政策は「為替ダンピング」として槍玉に挙がっています。

佐藤　たとえば、ドイツには、ポンドが強いのは、英国がダーティなことをやっているからだ、という不満があり、次のような仮説が考えられます。

ドイツ・マルクを使っていたら、われわれの通貨はもっと強かった。ユーロを使うことで余計な国の面倒も引き受けさせられている。だからドイツ製品をユーロ圏内で売って黒字を稼いで何が問題なのか。英国は、コモンウェルス（英連邦）で同じような責任を果たしているのか。ナイジェリアにしろ、パキスタンにしろ、滅茶苦茶ではないか。美味しい汁だけ吸うのは許されない。臆病になっているＥＵの他国は、そんなことは言えないから、俺が代わりに言ってやる。EUを離脱するのも結構だが、ポンドなどというボロボロの通貨が成り立っているのも、ダーティなことをやっているからだろう、という警告です。
英国は植民地を持っています。そして本国と植民地の間では、ルールが変わっても構わない。英国はこのダブルスタンダードを悪用している、というわけです。

池上　パナマ文書で問題になった英国領バージン諸島は、アメリカの南側のカリブ海に浮かぶ島々で、英国の海外領土の一つです。エリザベス女王の名代として総督もいますが、実権はなく、住民から選ばれた議員たちによる自治が行われています。

佐藤　離島で経済振興ができないところに、お目こぼしでカジノを置いたりするのと同じです。制度を細かく定めず、敢えて曖昧な仕組みにして、税制特区をつくるようなものです。それで本国の方では、タックスヘイブンの実態を知らなかったと言っている。本当に把握していなかったのかもしれませんが、それは細かい内情は知らない方が都合がいいからです。

■国家VS資本——見えざる第三次世界大戦

佐藤　資本の論理からすれば、節税しようとするのは、当然です。営利企業の目的は、利潤を増大させて、資産を蓄積し、設備投資をし、技術開発や金融市場などに投資して、さらに利潤を増大させるところにある。ですから、タックスヘイブンを利用して資本を節約するのは正当なことです。

しかし、国家は徴税しないといけない。国家の枠を超えての租税回避は、国家への反逆に類する。

ですから、これは、国家対資本の闘いなのです。見えざる第三次世界大戦です。

池上 グローバリゼーションとは、お金の流れを世界的に自由にするということです。同時に、悪いお金も国境を越えて回ってしまう。しかし、国税当局や検察当局は、国境を越えられない。こうなると、各国が個別に対策をとっても効果はありません。そこでOECD（経済協力開発機構）などは、多国籍企業の課税逃れの穴を塞ごうと、ルールづくりをはじめています。

パナマ文書を追及するICIJも、ジャーナリズムも国境を越えられないから各国で役割分担してやりましょうという動きです。

日本の国税当局も、タックスヘイブンの当局と連携して、ペーパーカンパニーに入る収益と日本国内の収益を合算して日本で税金を掛ける、という形にしています。

佐藤　かつては二重課税方式でしたが、最近は、多くの国と租税条約を結んで、税金の二重取りは避ける方式になっています。

ただ、制度には必ずどこかに欠点があるもので、一昔前は、贈与税逃れでアメリカが使われました。日本では、贈与された側に贈与税がかかりますが、アメリカでは、贈与した側に贈与税がかかる。ですから、アメリカに住んでいる子供に日本から一億円を贈与する。

池上　すると、日米どちらでも税金がかからないわけですね。

佐藤　そうやって税制の違いの隙間を突いたのです。ただ、日米当局の連携によって、この手法も使えなくなりました。

タックスヘイブンが活用されるようになったのは、各国の複雑な手続きをするよりも、タックスヘイブンで集中的に処理した方が簡単だと考えられるようになったからです。

池上　今回は、モサック＝フォンセカのデータが表に出ましたが、他にもタックスヘイブンに関わっているところはいくつもある。そうしたデータが出たら、もっと大変な騒ぎになりますね。今回はドイツもフランスも、イタリアもギリシャも、主だった関係者の名がまだ出ていない。

佐藤　情報提供者にとって都合の良い事務所が、選択的に選ばれた可能性もあります。

■アメリカ国内にあるタックスヘイブン

池上　実は、アメリカの場合は、国内のタックスヘイブンを利用できます。デラウェア州です。パナマ文書が問題になった際にも、その点を踏まえ、「米国民は国内でダミー会社を作ることができ、違法な活動のためにパナマに行く必要はない」という論評もなされました（『朝日新聞デジタル』二〇一六年四月六日）。

デラウェア州には、マイクロソフト、グーグル、アマゾンなど、アメリカを代表する名だたる企業が本社を置いています。デラウェア州の法人税が非常に安いからです。デラウェア州には、めぼしい産業がありません。そこで企業の登録料で儲けよう、というわけです。実際、世界の船がパナマ船籍にするように、優良企業の大多数がデラウェア州に本社を置いています。

ただ、こうした形での税金逃れには、強い反発が生じています。

■タックスインバージョン（租税地変換）

池上　そして、さらに巧妙な企業の税金逃れの手口が、アメリカで最近、問題になりました。製薬大手のファイザーとアイルランドの製薬会社アラガンとの合併問題です。

この合併には、そもそも不自然な点がありました。企業規模の小さなアラガンが、自分より巨大なファイザーを買収する形をとったからです。しかも、買収される側のファイザーのCEO（最高経営責任者）が、新会社でもCEOを務め、買収する側のアラガンのCEOは、新会社では、その下位のCOO（最高執行責任者）に就任することになっていました。

ファイザーの本拠地アメリカの法人税率が三五％なのに対し、アラガンの本拠地アイルランドは一二・五％。実態はファイザーによる買収であっても、形式的にアラガンによる買収という形にしておけば、適用されるのは、アイルランドの税率です。

この不自然な合併の真の狙いは税金逃れにある、と見たアメリカ財務省は、新たな規制を導入します。アメリカより税率の低い国の企業を買収し、その国に本社を移転する企業に対しては、アメリカに残る子会社の税の控除を簡単にはできなくする、というものです。

その結果、二〇一六年四月、ファイザーとアラガンは、合併を断念すると発表しました。

多国籍企業によるこのような節税は、「タックスインバージョン（租税地変換）」と呼ばれますが、各国当局も必死で対策を練っています。

佐藤　アマゾン、グーグル、アップルなど米国の多国籍企業の課税問題は、欧州各国でも大きな問題になっています。

■日本の富裕層——土地に縛られる文化

池上　パナマ文書には、日本の関係者も、四〇〇ほどの名前が出ていました。ところが驚いたのは、このパナマ文書のニュースの直後、菅官房長官が、「関係当局においてしかるべく調査が行われるものと思います」とでも言えばいいところを、「この問題は調査しない」と言い切ったことです。

佐藤　守りたい人でもいたのでしょうか。

池上　そう勘ぐられても仕方ありません。

佐藤　ただ、当面は、パナマ文書自体は、日本ではあまり大きな問題にならない気がします。というのも、租税回避が必要になるような超富裕層は、日本ではまだ多くないからです。

野村総研の調査によれば、金融資産「一億円以上五億円未満」の富裕層は、七六万世帯。ということは、およそ二〇〇万人、人口の一・六％程度です。「五億円超」の超富裕層は、五万世帯。およそ一五万人程度です。

池上 アメリカでは、「一％の超富裕層と九九％の庶民」と言われますが、日本では、超富裕層は、一％もいないわけですね。

佐藤 ただし日本の富裕層も、実際には、もっと資産を持っています。日本の基準では、不動産を金融資産から排除しているからです。おそらく金融資産一億円ある人は、不動産資産を二億円か三億円程度持っていることが多い。金融資産が五億円なら、不動産資産は、一〇億円、あるいは二〇億円。

池上 しかし、「不動産」というのは、文字通り、動けませんね。

佐藤 そうです。不動産資産だと、容易に海外に移動できないし、資産を海外に移せない。日本は、地面に縛られる文化なのです。

それに、タックスヘイブンでも、主権国家の下にあるわけですから、非常時にどうなるかという心配がある。たとえば、イギリスと戦争すると、財産の凍結や没収に見舞われる可能性がある。ですから、タックスヘイブンに全財産を移す愚かな金持ちはいないはずです。

■税率の高い日本から逃亡するエリート

佐藤　日本人の富裕層が節税する場合は、税率ゼロのタックスヘイブンよりも、税率の低いシンガポールや香港へ逃げるケースが多いでしょう。たとえば、シンガポールには、所得税はありますが、キャピタルゲイン課税、住民税、贈与税、相続税がありません。法人税も最高税率で一七％。

日本では、年収四〇〇〇万円ですと、所得税が四五％、住民税が一〇％、復興税が二％で、合計五七％。これが、香港やシンガポールへ行けば、二〇％以下になり、四〇％近くも節約できる。ですから、日本の富裕層や企業で、シンガポールや香港に家族を住まわせているケースがかなり多い。

池上　村上ファンドの村上世彰さんも、自分が住んでいるシンガポールのマンションに、いま続々と日本人が住み始めている、と言っていました。

佐藤　それも、半年と一日だけ現地に住んでいれば、現地の税率が適用されますから、当然、海外に移住する富裕層が出てくる。

■「良き納税者になろう」

佐藤　ただし、エリート層がこうして国から抜け出すのは、かなり深刻な問題です。「魚は頭から腐ってくる」ということです。国家の庇護を受けているエリートが、正当に税金を払わないのは、本来、許されるべきではありません。国家財政が逼迫し、真面目に納税している一般の個人や企業にしわ寄せがくるからです。「自国に税金を納めるのは当たり前だ」という教育がきちんとなされていないのが、問題です。

池上　そうした「良き納税者」としての意識は、とくにエリートには持ってもらわなければ困りますが、エリートだけに限られる話ではありません。

たとえば、育児放棄された子どもたちを社会が支えることは、人道上、必要なことですが、「良き納税者を育てる」という目的もあります。きちんとした教育を受ければ、将来、就職できる可能性が高まり、働いて、所得があれば、所得税など各種の税金を納めることができます。

至誠学舎という児童養護施設の理事長の高橋利一さんは、子どもたちに「良き納税者になりなさい。それこそが、お世話になったことに対する社会への恩返しだよ」と言っているそうです。こういう意識は、子どもたちが学び、就職していくための努力を奮い立たせるインセンティブになるはずです。

■ロシアの富裕層――プーチンは意外に清潔？

池上　パナマ文書には、ロシアの有力者の名前もありました。

佐藤　名前が出た音楽家でプーチン大統領の親友、セルゲイ・ロルドゥーギンはかなりのダメージを受けたと思います。

池上　タックスヘイブンに複数の会社を所有し、二〇億ドル（二二〇〇億円）のお金が行き来していたようです。

佐藤　ロシアでは、こういう人間を誰も尊敬しない。金持ちでも、税金から逃げていない人はたくさんいるからです。

プーチンがロルドゥーギンの金に関与しているのではないか、とも言われますが、ロシア人の普通の感覚からすれば、プーチン自身は、「意外に清潔だ」という印象を持たれたのではないでしょうか。本人の名前も、娘の名前も、出ていない。あの音楽家は、プーチンの前妻との間の子供の名付け親にすぎない。エリツィンは、もっと汚いことをやっていた。それに比べれば、蓄財に関しては、プーチンはきれいな方だ、と。

ただ、「ロルドゥーギンは、外国の楽器を買ってロシアに持ってきたのだ」と、プーチンがわざわざ庇ったのはいただけない。二二〇〇億円分の楽器など買えるわけがありません。ロシアの年間楽器総輸入量の数十倍になってしまう。無駄なことを一切言わないプーチンのような人間が、こういう基本的な数字も頭に入れずに、友人を守ろうと、こんな発言をしてしまうのは、プーチンも感覚がボケてしまっている。

池上　黙っていれば済むことですからね。

佐藤　黙っていれば、怖くて誰も敢えて訊かないです。

池上　プーチン自身の財産管理は、他の法律事務所を通してやっている、ということでしょうか。

佐藤　意外ときちんとしたところを通しているのかもしれない。イギリスやスイスの事務所を使って、その情報をアメリカにもきちんと流しているかもしれない。アメリカにもむやみに情報を流されては困る人がいるはずですから、互いに情報を持ち合っている可能性はあります。

■中国の富裕層

池上　パナマ文書には、中国人の名前もかなり出ていました。

このニュースがCNNで流れた際、中国では途中で画面が真っ黒になりました。中国外務省の報道官も、海外メディアの質問に対し、「ノーコメント」を貫きました。
習近平の義兄がバージン諸島にペーパーカンパニーを三社保有していたのですが、ネット上では、当初、「姉夫」で検索すれば、この情報を見つけることができました。「姉夫」の検索数がものすごい数に達し、すぐに当局の気づくところとなり、ブロックされてしまったのですが。

佐藤　中国は、人海戦術でブロックしますからね。機械的にブロックするのではなく、どうもこの言葉が最近検索されているようだ、となると、「よし」と言って、人海戦術をかける。膨大な数の監視員です。あれは中国でなければできません。

池上　五、六年前の話ですが、サイバーポリスが三万人いる、と言われていました。現在は、一〇万人近くいるのかもしれません。彼らが二四時間、ネットを監視しています。

佐藤　しかし、サイバーポリスが三万人もいれば、国家にとってむしろ危険な人材も出てくるはずです。サイバーというのは、本質において国家と衝突する要素がありますから、技能を高めていくと、次第に国家と異なる基準で動くようになる。それは、スノーデン事件を見てもわかります。これに対処するのは、なかなか困難です。防御を徹底化するなら、コンピュータをまったく使わないようにするしかない。

池上　中国のネットには「習近平国家主席はさすがだ。今回明らかになったように、本人はとても身辺がきれいだ」という声が出たのですが、これは褒め殺しではないか、とも見られています。表面上は褒める形で、習近平の租税回避問題をネットに載せている、というのです。

パナマ文書に義兄の名前が出たことで、習近平はかなりバツの悪い思いをしたはずです。というのも、汚職追放キャンペーンで次々に政敵を追い落としてきた当人だからです。

佐藤　ただ、中国の場合は、そもそも国家指導部が民主的に選ばれていませんから、サウジアラビアの国王の場合と同じで、これによって政権がすぐに覆るわけではない。もちろん、国際社会の中でダーティなイメージが広がるし、長期的には、ボディブローのように効いてくるかもしれませんが、直ちに統治メカニズムが危機に陥るという話ではないでしょう。

むしろ影響があるのは、ウクライナです。ウクライナの場合は、側近や家族や知人ではなく、大統領本人の口座があったからです。

■国税当局同士のギブアンドテイク

池上　パナマ文書の情報提供者がドイツ当局だったのかどうかは、私には分かりません。ただ、ドイツは、少なくとも以前に、この種の摘発で一度味をしめています。リヒテンシュタインの文書流出です。

リヒテンシュタインも、ヨーロッパにおけるタックスヘイブンで、ドイツやフランスやスイスの資産家がかなり利用していました。その関係文書を盗み出した者がいて、データをドイツの国税庁に日本円にして五億円で売りつけたのです。

佐藤　その種のデータとしては安いですね。

池上　当初は、盗み出したデータをドイツ国民の税金を払って買い取るのはいかがなものかという議論もあったのですが、このデータを使って、ドイツ人の脱税をどんどん摘発して、あっという間に五億円の費用を回収してしまいました。

その後、ドイツ国税庁は、連携している世界中の国税当局にそのデータを渡しました。帝京大学の創立者の遺産相続をめぐって脱税が摘発されましたが、リヒテンシュタインのデータが使われたのだろう、と言われています。

佐藤　情報はギブアンドテイクの世界ですから。

池上　おそらく日本からは、見返りとして日本にいるドイツ人の情報を出したのでしょう。

■ピケティ流の課税強化の是非

佐藤　資本VS国家の戦いは、これまで資本の側に有利に働いてきましたが、ここで国家の側からの大きな巻き返しが起きています。パナマ文書も、そのきっかけの一つとなりそうです。各国の国税当局は、監視の目を強めていて、現に、われわれ程度の資産の人間に対する資産調査も厳しくなりました。

池上　二〇一四年から、五〇〇〇万円以上の海外資産は申告してください、ということになりましたね。「課税するわけではありませんが、正直に申告しないと、いずれ問題になりますよ」という形をとっていますが。

佐藤　政府は否定するでしょうが、これは資産課税のための準備です。

池上　もちろんそうです。マイナンバーもそのためです。

佐藤　国内の資産に関しては、金塊は何グラム持っているかとか、宝石で何を持っているかとかまで税務署に申告せよ、という要請です。

池上　所得がきちんと申告されているかどうかを見るために、一定額以上の収入がある人は資産も報告してくださいという意味です。収入が少ないのにベンツを三台持っていたりしたらおかしいでしょう、と。年収二〇〇〇万円以上だと資産の一覧を書く用紙も渡されます。

佐藤　これは、ピケティが『21世紀の資本』で主張しているような国際的な形での資産課税の一環です。

ピケティの仮説では、戦争以外では、格差は解消できない。戦争を起こさずに所得の再分配をするには、やはり金持ちへの資産課税をするしかない。パナマ文書は、資産課税を主張するための格好の材料になりました。

税逃れを許してはならないという形で、この種の資産から徴税するのは、国家の総論としては、非常に魅力的な財源です。そして国家は最終的には暴力装置に訴えることが可能なので、本気でやれば、ある程度、実効性も担保できる。

ただ、先ほども申したように、日本では、金融資産が五億円を超えるような超富裕層は一％にも満たない。すると、五〇〇〇万円から五億円程度の層から税金を徹底的にむしり取ることになり、彼らの重税感を過度に増すことになりかねません。これでは、勤勉に働いて小金を作っても税金を取られるだけだと、結果的に、富裕層の勤労意欲を萎えさせ、海外流出を助長し、経済全体にマイナスに働く恐れもあります。

池上 ピケティは、資本主義は格差をどんどん生み出していくから、何らかの形で国家が再分配をしなければいけない、と言うのですが、国家が課税を強化しても富は国外に逃げてしまう。今回のパナマ文書が明らかにしたのは、まさにこのことです。もちろん、できるだけ国際協力を進めるべきですが、国境を超えて動く資産に課税するのは、容易ではありません。

佐藤 ピケティがイメージしているような「世界の徴税警察」は、これだけ経済がグローバル化した状況では、もはや不可能です。

■高速取引をめぐる国家と資本の闘い

佐藤 資本VS国家の戦いは、金融取引のスピードをめぐっても起きています。

池上 一秒間に一〇〇〇回前後もの頻度で株を取引する「超高速取引（HFT）」の問題ですね。こうした取引のトレーダーは、「フラッシュ・ボーイズ」（マイケル・ルイス『フラッシュ・ボーイズ――10億分の1秒の男たち』渡会圭子・東江一紀訳、文藝春秋）と呼ばれています。「企業の成長性に対する目利き力を競うはずの株式市場が、コンピュータの処理速度を競う場になっている」として、金融庁も規制に乗り出しました。株式市場のコンピュータに少しでも近いところにコンピュータを置いておいた方が取引に有利になる、というのだから驚きです。

佐藤　これは、イスラエルの「鉄の屋根（アイアンドーム）」システムの民生転用です。パレスチナ側からミサイルが発射されると、発射と同時にアルゴリズム計算で、都市部に落ちるか、砂漠に落ちるかを見極めます。砂漠に落ちる場合は放っておいて、都市部に到来する場合だけ迎撃ミサイルを発射する。これによって迎撃率は九八％になっています。これと同じ原理で、市場のちょっとした動きから株価がどうなるかを計算してしまう。

池上　村上世彰氏がシンガポールから帰国して、空売り容疑で捜索されました。空売りによって株価を操作し、多くの損害を与えた、という容疑だったのですが、これに対して、村上氏は、すべてのデータを提出して調べさせ、彼が空売りをした瞬間の〇・何秒以内に連動した売りがどれだけあるのかを分析させせました。そうして、村上氏の売りを見て一般の投資家が追随して株価を引き下げたのではなく、まさにアルゴリズムで自動的にやったもので、損害を与えたとか風説の流布とかではない、と主張したのです。

証券取引等監視委員会がそのデータをもらって絶句し、「これでは訴追できない」と頭を抱えてしまったという話があります。

■検察は簡単に捕まえる

佐藤　ただ、検察が本気で村上世彰氏を捕まえようとすれば、それほど難しくありません。違法性の認識だけを問うて、「こういうことは違法だと思っていた」と言わせればいい。

そのためにはまず身柄を拘束し、両隣に死刑囚が入っているような東京拘置所の独房に入れて、接見禁止にして誰にも会わせない。健康診断を強制的に受けさせ、健康に問題があると言って差し入れもさせず、腎臓病患者か肝臓病患者用の特に不味い食事を与えて二〇日間も経てば、捕まった方は何でも認めたくなります。

最初は、「アルゴリズムをこのように使うことには不適切な要素があると思った」という程度の証言を取り、やがて「不正なことと思っていました」くらいのことを言わせれば、検察側は十分に公判を維持できます。その際、アルゴリズムのデータは、むしろ物証になる。

池上　佐藤さんは身をもって体験されたのでしょうが、国家権力はそれほど怖いものです。

■民族・国家・資本

佐藤　そもそも高速取引を取り締まろうとするのは、株式市場が混乱することによって国家に悪影響があってはいけないからです。まさに国家と資本の争いです。

この争いの構図は、柄谷行人氏の言う三つの交換様式で理解できます。「交換様式A（互酬＝贈与と返礼）による共同体」と「交換様式B（収奪と再分配＝支配と服従）による国家」と「交換様式C（商品交換＝貨幣と商品）による資本」、つまり民族・国家・資本の三つがボロメオの環のように結びついていて、三つのうちいずれかが強くなると、バランスを取るように別のものが強化される。この見方からすれば、現在、強くなり過ぎた資本を抑えるために、国家機能を強化するとともに、ナショナリズムも高まるトレンドに入ってきた、と見ることができます。

アメリカ大統領選挙でのトランプの出現も、大きく見れば、この動きにつながっている。トランプが言っているのは、要するに、国家機能の強化だからです。

■反ユダヤ主義

佐藤　反ユダヤ主義の高まりも、これと同じ文脈です。「自分たちとは異質な連中がいい思いをしているのではないか」という不満の鬱積です。

先日亡くなったウンベルト・エーコの遺作『プラハの墓地』は、ユダヤ人嫌いの祖父に育てられた偽書作りの名手であるシモニーニが、いかにしてユダヤ迫害の原因となった偽書「シオン賢者の議定書」をつくり出し、世界に影響を与えたか、という小説ですが、シモニーニ以外の登場人物は、皆、実在の人物です。

エーコがなぜこのような小説を残したのかについては、二つの読み方ができます。このテキストを通して反ユダヤ主義を煽っている、という読み方もできる。逆に、反ユダヤ主義はヨーロッパで死に絶えたのではなく眠っていただけで、再び「シオン賢者の議定書」のような偽書がつくられ、反ユダヤ主義がいつ再燃してもおかしくないと警告しているのだ、という読み方もできる。

いずれにしても、今日、こういう小説が書かれ、多くの読者を獲得していることには、何らかのアクチュアリティがあります。自身もユダヤ系の祖先を持つエマニュエル・トッドも、『シャルリとは誰か？』（堀茂樹訳、文春新書）で、ヨーロッパでの反ユダヤ主義の広がりに懸念を表明しています。

ちなみにノーマン・コーン『ユダヤ人世界征服陰謀の神話　シオン賢者の議定書』（ダイナミックセラーズ）という「シオン賢者の議定書」に関する本は内田樹さんが訳していますね。彼は率直に言って日本の典型的なユダヤ陰謀論者です。ユダヤ陰謀論者には、ユダヤ人がいい思いをしていてけしからんという考えと、ユダヤ人はすごく優秀だという考えが同時にあるわけです。それが四王天延孝（元ハルピン特務機関長、陸軍中将）たちのユダヤ人問題研究です。内田さんはその延長上にある人だと私は見ています。

こういう陰謀の神話であり、偽書ですよ、という形になっていますが、それこそ陰謀論者の典型的な言い方です。偽書と言いながら紹介するのが実際の狙いです。

それにしてもミシェル・ウエルベックの『服従』、エーコの『プラハの墓地』、そしてトッドの『シャルリとは誰か？』を並べると、新自由主義による資本のグローバルな動きに反応して、人種や民族をめぐるキナ臭い要素がまた噴出してきているように思えてなりません。

7

格差解消の経済学

——消費増税と教育の無償化——

2兆円に相当する消費税1%の増税で、
0歳から22歳までの教育を無償化できる。
給食費や私立大学の学費など数千億入れても6兆円。
消費税1〜3%で賄える額だ。

佐藤優

■消費増税をめぐる建設的な国会論戦

佐藤　二〇一六年五月の衆議院財務金融委員会で、国会での与野党のやり取りとしては大変珍しいことに、実に建設的な質疑応答がありました。麻生副総理・財務相と民進党の前原誠司議員のやりとりです。

「我々の反省も含めて」と言い添えて、前原議員が述べたのは、おおよそ次のようなことでした。

・社会保障と税の一体改革というスキームは非常によかったが、消費税引き上げ分の五%のうち、社会保障の機能充実は一%のみで、四%が社会保障の安定化・維持に回っている。これは、四%が赤字財源で賄われていた社会保障の財源の安定化として、つまり借金の穴埋めに使われている、ということで、国民からすると、消費税が五%上げられたのに機能充実は一%だけか、と嫌な印象しか持てない。

・たとえば、税率引き上げ分の半分程度を機能充実に当てることはできないか。税率を五%上げたら機能充実にこれだけ回せる、ということが示せれば、喜んでとまではいかなくとも、増税に対する国民の理解も高まると思う。

・具体的には、今後、税率を八%から一〇%に引き上げるにあたっては、たとえば、少なくとも一%は機能充実に回し、その上で増税に対する国民の理解を求めたらどうか。

・その場合、二〇二〇年のプライマリーバランス黒字化は実現不可能になるが、従来の税率引き上げ案でも、六・五兆円足りないので、いずれにしても財政健全化目標は、もう一度立て直す必要がある。

・再度、財政健全化目標を立て直す際に、機能充実への十分な配分も示して、増税に対する国民の理解を求めてはどうか。

これに対し、麻生副総理は、「極めてまともな話」「こういう話ができると非常にいい」と応じました。

池上　いまどきの国会討論にしては珍しい対話姿勢ですね。

■一%の増税で「教育の無償化」は可能

佐藤　二〇一六年九月の民進党党代表選挙でも明言していたように、「社会保障の機能充実」として前原議員がとくに念頭に置いているのは、「教育の無償化」です。

新自由主義によって拡がった子供の貧困と経済格差と教育格差の連鎖こそ、われわれの社会を脅かす最大の危機なのですから、真剣に検討するに値すると思います。

池上　おっしゃる通り、子供の貧困と教育格差の悪循環は、本当に深刻で、今すぐに取り組むべき問題です。

佐藤　たとえば、消費税を一％上げると二兆円の増収になりますが、これで、〇歳から二二歳までの教育を無償化できます。

〇歳から二二歳までの教育を無償化すると、少なく見積もって二兆円。給食費や私立大学の学費など数千億円を入れても六兆円もあれば十分でしょう。ということは、消費増税の一％〜三％で賄える額です。

ですから、軽減税率は残しつつですが、消費税率はもっと上げてもいいのではないか。借金返済に充てるだけでなく、こうした政策を具体的に示せば、国民の理解も得られると思います。こういう制度設計なしに、「プライマリーバランスを黒字化する」という財務省の主張に沿うだけの場当たり的な消費増税を繰り返しても、意味がありません。

池上　結局、子供の教育、親の介護、自分の老後に不安があるから、消費税が少し上がっただけで、消費が落ち込み、景気が悪化する。消費税が上がっても、そうした不安が少しでも軽減されれば、消費行動はかなり変わってくるはずです。その意味で、景気対策にもなり得ます。

■なぜ景気は回復しないのか？――日本経済停滞の真の理由

池上　そもそもアベノミクスでこれだけ金融緩和をしているのに、景気が回復しないのはなぜなのか。お金がどこかに貯まったまま、うまく循環していないからです。

佐藤　二〇一六年一月末に、マイナス金利政策が決定されました。本来、このマイナス金利によって、お金はもっと動くはずです。少なくとも日銀は、そう説明していました。ところが政府は、四月に、一万円札の印刷枚数を増やす決定をしています。

池上　二〇一六年度に印刷する一万円札を前年度より一億八〇〇〇万枚増やし、一二億三〇〇〇万枚にすることを決定しました。

佐藤　どういうことかと言えば、貨幣を貯めこんでいる人たちがいる、ということです。

池上　タンス預金ですね。

佐藤　それで金庫がよく売れている。しかし、近代経済学では、この現象はうまく説明できません。

■タンス預金の非合理性

佐藤　現在は、基本的にはデフレ傾向ではありません。物価指数からすれば、横ばいか、多少なりとも物価は上昇しています。つまり、インフレ期待はあるわけです。

そうだとすると、タンス預金のような貨幣退蔵は、経済的にマイナスにしかなりません。なおかつ、盗まれるリスクもある。仮に警備会社と契約したとしても、職員が到着する前に盗まれて逃げられてしまうかもしれないし、月々の契約料もバカにならない。金庫の購入費用も、現在の銀行預金利率からすれば、何年分の利息になるのか分からない。

要するに、貨幣の退蔵は、まったく非合理です。それなのに、多くの人が敢えてそうした行動をとる。この現象は、貨幣の物神性を示しています。

池上　貨幣は、本来は商品を買うための手段にしかすぎないはずなのに、お金を持っていればいつでも何でも買えるということから、貨幣を貯めること自体が自己目的化してしまうわけです。

昔なら、金貨を貯めた壺をときどき取り出しては金の輝きを眺めてニンマリしたりする図といったところでしょう。そうなると、買物をしてお金を減らすことをますます避けるようにもなる。この傾向が社会全体に広まれば、全体の消費が落ち込み、景気も回復しません。

佐藤　こういう過程を、近代経済学者はうまく説明できません。

■静かなる取り付け騒ぎ

佐藤　紙幣を貯め込むような非合理な行動が、なぜ生まれるのか。特定の人が非合理な行動をするのはわかる。しかし、なぜ全体が非合理になって、一億八〇〇〇万枚もの一万円札が退蔵されるために刷られなければならないのか。

こんなことは、政府も、本来はやりたくないはずです。しかし、おそらく紙幣不足が実際に起きていた。それを日銀はきちんとモニターしていたからこそ、一億八〇〇〇万枚の増刷を決定した。そして、そのことを報道させたのは、「紙幣がなくなることは絶対ありません」というメッセージだった。

池上　つまり、静かなる取り付け騒ぎになりかかったのでしょう。このままでは銀行からお金をおろそうとしても「お金はありません」と言われることになる、と危惧する人たちがいた。そこにマイナンバー導入も加わった。マイナンバーで資産がすべて把握されてしまうから、その前に引き出しておこう、という動きが重なったのです。

佐藤　おそらくロシア人なら、同じような行動はとらないでしょう。北朝鮮人もしない。彼らは、紙幣の切り替えを経験しているからです。

この種の貨幣退蔵が起きる経済においては、紙幣の切り替えによって流通量を減らす、という奥の手があります。ところが、日本では多くの人が金庫を買っている。これは、紙幣の切り替えをまったく心配していないことの証しです。しかし、思い起こしてみれば、敗戦直後には、新円切り替えがなされました。

池上　そうなんです。一九四六年二月に預金封鎖をやっています。旧紙幣の預金は完全に封鎖され、世帯主が三〇〇円、それ以外は一人一〇〇円の引き出ししか認められませんでした。これにより、旧紙幣の預金の価値はほぼゼロになりました。新円切り替えと預金封鎖を同時に行うことによって、政府が国民の財産を間接的に没収したも同然です。

佐藤　お札を持っていれば安心だなどということは、決してありません。貨幣退蔵によって金庫が売れている現象は、経済の論理だけでは説明がつかない。そういう日本人の心性も考える必要がある。

池上　日本人が貨幣を大事にしまい込むのは、それだけ日本の国家を信用している、ということですね。敗戦で国債が紙屑になって、国に裏切られた経験があるはずなのに、その経験がすっかり忘れ去られている。かつては、「国債なんか買うものじゃない」という年寄りがいたものでした。そういう人も身近にいなくなって、いまや個人向け国債を皆が安心して買っています。

■日本の財政構造に効く超長期国債？

佐藤　先日、中央政府の官僚、金融関係者、国会議員などが参加する会合で、日本の国債について議論したのですが、「コンソル公債（consolidated annuities）」が話題になりました。

池上　一七五一年にイギリスが出した、償還されない代わりに固定の利子が永久に支払われる債券、いわゆる「永久国債」ですね。利子支払率が決まっているから、それを市場利子率で割れば、市場価値がわかる。

佐藤　そうです。それである官僚が、「日本の財政構造にはコンソル公債が効く」というのです。「コンソル公債」という名称に抵抗があるのなら、「償還期限六〇年の超長期国債」を出して、借り換えができる形にすればよい。これで財政危機は一遍に収まる、と。

ただ、国際協調上の問題があって、「コンソル公債など出して自国のことしか考えていないのではないか」と批判される可能性はある。しかし、その点は、日銀の異次元緩和も、すでにアメリカから「為替ダンピングだ」と非難されているわけで、売り言葉に買い言葉で押し切れるはずだ、と。

「頭のいい官僚だな」と思って聞いていました。確かにこうすれば、プライマリーバランスも黒字化できる。

池上　イギリスが、かつてまさに同じような危機になった時に出したのが、コンソル公債でした。財務省もかなり以前から、「頭の体操」という意味でも、コンソル公債は検討しています。

佐藤　それで、ある国会議員が言うには、「佐藤さんが『資本論』を参照して、貨幣というのは癌細胞と同じだ、市場にとどまってずっと死なない、と言っていましたが、確かにそうです。だから我々の政治の仕事は、貨幣を腐らせていくこと。つまり、それがインフレ政策です。しかしインフレにならず、デフレが起きた時には、コンソル公債のようなものを出して、中長期的には、インフレになるから、そのときに元本を返してしまえばいい」と。

イギリスは、コンソル公債を償還するのに、二〇〇年以上かけましたが、この手法が日本でも使える、と考える人たちが見ているのは、日本の人口動態です。日本は二〇六〇年以降、大幅な人口減少プロセスに入ります。ですから、経済も、どうしても縮小プロセスに入ってしまう。もしそこで、特定の誰かから金を引き剝がして、特定の誰かに与えるような形をとると、社会が分断されます。ですから、全員に裨益する制度設計にしなければならない。

池上　そのためには、コンソル公債が有効だ、というわけですね。

8
核をめぐるリーダーの言葉と決断
——核拡散の恐怖——

列席できないまま、あるいは
アメリカの大統領が広島を訪問する場面を
見ることができないまま死んでいった
多数の被爆者が頭に浮かんだ途端、
涙を抑えられなくなりました。

池上彰

■オバマと被爆者の対面に思わず泣いてしまった

池上　二〇一六年五月の伊勢志摩サミット参加のために来日した際に、アメリカのオバマ大統領が、現役の米大統領として初めて広島を訪問しました。

実は、今回の訪問実現の背景には、元読売新聞の記者で、現在、広島テレビの社長を務める三山秀昭氏が、「被爆者は謝罪を求めない。とにかくぜひ来てください」という手紙をホワイトハウスへ何年にもわたり送り続けていた、ということもありました（三山秀昭『オバマへの手紙――ヒロシマ訪問秘録』文春新書）。一年前の二〇一五年八月六日に広島で会った際も、ホワイトハウスにまた嘆願書を届けに行くんだ、とおっしゃっていました。

そんなこともあって、オバマ大統領が広島に来て被爆者と会う現場を見ていたら、大変恥ずかしいのですが、私は泣いてしまいました。

四〇年前、NHK広島放送局の呉通信部に三年間勤務していた際、多くの被爆者に取材した経験がありました。オバマとの対面に列席した被爆者の坪井直さん（日本原水爆被害者団体協議会代表委員）は、もう九一歳です。そこに列席できないまま、あるいはアメリカの大統領が広島を訪問する場面を見ることができないまま死んでいった多数の被爆者が頭に浮かんだ途端、涙を抑えられなくなりました。

アメリカ側にどんな思惑があるにせよ、アメリカの大統領が来てくれただけで広島の被爆者が喜んでいる、という現実があるのです。

佐藤　謝罪というのは、内発的に生じないと謝罪になりません。向こうから謝りたいと言ってきたら、断る必要はないけれども、こちらから「謝れ」と要求する話ではない。

しかし同時に忘れてならないのは、やはり被害を受けた側には、いつかは謝ってほしい、という気持ちが強いことです。内発的にしてほしいから口にしないだけ。ポーランドのドイツに対する姿勢も、イスラエルのドイツに対する姿勢も、そうなのです。柿の実が熟するように、内発的に謝るときがきたら、そのときに、そうしてくれればいい、と。

日米関係もまだそこまでは成熟していないし、歴史の経過がまだ不十分。ただ何より重要なのは、池上さんがおっしゃるように、被爆者が生きているうちにアメリカの大統領が広島に来た、ということです。

池上　原爆慰霊碑の下に被爆者名簿が保管されています。毎年八月六日に日干しをするのですが、その名簿の中にアメリカ兵の捕虜一二人の名前もあります。

原爆の投下地を選択する際、アメリカは、アメリカ人捕虜の収容所がある場所は避けようとしました。当時、広島には、捕虜収容所はありませんでした。

ところが原爆投下の数日前に呉を空爆した爆撃機が撃墜されて、搭乗員一二人が捕虜になって広島に連れて来られていたのです。

ですから、「原爆慰霊碑は、一二人のアメリカ兵の慰霊碑でもあるのですよ、犠牲になったアメリカ人を悼むものでもあるのですよ、だから来てください」という言い方をしてきたのです。オバマ大統領が肩を抱きしめた森重昭さん（七九）は、被爆した米兵捕虜の研究をしてきた人です。

■リーダーとしての言葉――オバマの広島演説

池上　被爆者としては、来てくれただけで感激していたのですが、オバマ大統領がどんな言葉を発するのか、被爆者たちは、その演説も固唾を呑んで見守りました。

佐藤　アメリカ国内には、オバマの訪問に対する反発の声もありました。ですから、オバマ大統領は、かなりのリスクを冒して広島に来たことになります。現役のアメリカ大統領としては、当然のこととして、原爆投下の過去を簡単には否定できません。緊張の強いられる歴史的な場面で、どう振る舞い、どういう言葉を発するか。リーダーとしての資質が問われた場面でもありました。

池上　そこで東工大の授業で、このオバマ広島演説を取り上げました。演説の英文と日本語対訳を配って日本語訳だけ私が朗読して聞かせ、「ここには様々なレトリックがある」という話をしたのです。東工大の学生は、将来、外国に行って、演説したり、プレゼンテーションをしたりする機会もあるだろうから、ここから学ぶべきことがいろいろある、と。

演説の冒頭は、「七一年前のよく晴れた雲のない朝、空から死が降ってきて世界は変わった」となっています。「爆弾が降ってきた」と言うと、「誰が落としたんだ？」と問い返したくなるが、「死が」とすることによって、まるで運命づけられたことのようなニュアンスが出て、問い返しをしにくくなります。

そして「我々はなぜここ広島を訪れるのか」と問いかける。すると、「ここ広島で、世界は永遠に姿を変えてしまった。しかし今日、この町の子どもたちは平和の中に生きている。なんと貴重なことか」と、一七分に及んだ演説の最後に冒頭と照応する言葉が出てきます。

さらに、「広島と長崎は、核戦争の夜明けとしてではなく、我々の道義的な目覚めの始まりとして記憶されるだろう」と、核の世紀の始まりというネガティブなことをポジティブに転換している。こういう構造の演説になっているんだ、と話したのです。

また、この演説では、さまざまな戦争の被害者に触れています。第二次大戦で六〇〇万人が死んだと述べていますが、ここでユダヤ人の被害に触れないとアメリカのユダヤ人ないしイスラエルが怒る。しかし、ユダヤ人という固有名詞を出すと、「他にも犠牲になった民族がある」と批判されるので、さりげなく「ガス室に」という言葉を入れています。「世界をみれば、非常に原始的なライフルや樽《たる》爆弾がどれだけ大きな破壊力を持つか分かる」というくだりもあります。樽爆弾は、シリアでアサド政権が反政府勢力に対して使ったものです。これも「シリア内戦」と名指ししてしまうと、「ではイエメン内戦はどうなる」「コンゴ内戦はどうだ」という反発が出るから、固有名詞は使えない。けれども「樽爆弾」という言葉を使うことによって、シリア内戦の関係者は自分たちに触れてくれたと思う。そういうさまざまな政治的な配慮をした上で、この文章はでき上がっているわけです。

練りに練った演説です。そして全体として主語がない文章になっている。謝罪というより、何か悲劇があった、という言い方です。

しかし、これが原爆慰霊碑の「安らかに眠って下さい　過ちは繰返しませぬから」という言葉と見事に呼応している。この碑文については、主語が不明で、反省の主体が曖昧だという批判もなされてきたのですが、「謝罪を求めず、とにかく広島に来てください」という被爆者の思いと、「過ちは繰返しませぬ」という原爆慰霊碑の碑文と、オバマ大統領の演説が響き合っているようにも聞こえるのです。

■核をめぐるトランプとオバマ

佐藤　オバマ大統領が、リスクを冒してまでも広島訪問を決断したのも、実は、トランプの存在が大きく影響していますね。

池上　サミットの会見でも、オバマ米大統領に対しては、「ドナルド・トランプが大統領候補になったらどうするのか」という質問が集中していました。

佐藤　日本の核武装を認めるような発言を、トランプは軽々にしています。それに対して、アメリカはそんな軽々しい発言はしないのだ、という立場を行動で示す意味があった。トランプがいなければ、オバマもあそこまで踏み込まなかったかもしれない。トランプの発言に、逆に背中を押された面もある。

池上　それと安心できたのは、オバマの広島訪問に対するアメリカ国内での反発が、実際にはあまり生じなかったことですね。

佐藤　つまり、トランプ的な核武装論は、アメリカの一部にすぎず、エスタブリッシュメントだけではなく、黒人もラティーノもアジア系も含めて、大部分のアメリカ国民は、やはり核兵器はいけないと考えている、ということです。アメリカ人の良識を確認できたことの意味は非常に大きかった。

もちろん、広島訪問から世界の現実に目を転じれば、オバマ大統領を手放しに評価することはできません。

二〇〇九年のプラハ演説で「核なき世界」を提唱してノーベル平和賞を受賞しましたが、オバマの対外政策が実際にもたらしたのは、中東における核拡散です。とくにイランの核開発を阻止できなかったことは看過できません。

しかし、オバマがいなかったら、さらにひどい状況になっていたかもしれない。オバマとしては、そのことを国際社会に再度、認知させる意味合いがあった。

核廃絶がいかに重要かという認識において、オバマは首尾一貫していた。そのことを任期の終点で確認したことには、やはり意味がありました。そこはあまりシニカルにならず、彼の思いは思いとして認める必要があると思います。

■「核使用」を認める日本政府の答弁

佐藤　ところが、今度は日本国内に目を転じると、核をめぐって信じられないやりとりがなされています。

二〇一六年三月一八日の参議院予算委員会で、当時の民主党の白眞勲議員が、「政府はこれまで核兵器を保有することは憲法違反ではないと表明しているが、使用についてはどうか」と質問したのに対し、横畠裕介内閣法制局長官が、「憲法上、あらゆる種類の核兵器の使用がおよそ禁止されているというふうには考えていない」と答えたのです。

これは、従来の政府見解とは明らかに一線を画する答弁です。「核保有」と「核使用」では位相が違う。私が知るかぎりでは、憲法解釈として「核使用」を日本政府が初めて認めた答弁です。

池上　そもそも岸信介内閣（一九五七年〜一九六〇年）の時に、核兵器でも必要最小限のものとして使えるようなものであれば——イメージとしては戦術核兵器ですが——、わが国を防衛するために一部の戦場で使えるようなものであれば、持つことはできる、という政府答弁がありました。

それがその後、半ば忘れられかけていたところ、福田康夫官房長官の時に、「政府首脳」

と記者との懇談のなかで「核兵器を持つことを排除しないというのが日本の方針です」という発言がなされました。その際、過去にも核兵器保有は憲法違反ではない、という政府見解があったのを知らなかった『東京新聞』の記者が、「大変な発言だ」と大きく書いて、「それは前から言っていることだよ」という話になったこともありました。

意外に皆、知らないのです。「核兵器を持つことは憲法上許されるけれども、非核三原則において持たない選択をしている」というのが、歴代内閣の立場でした。逆に言えば、非核三原則をやめればいつでも持てる、ということです。

ところが今回は、「核を使うことも憲法上許される」と言ったわけで、一歩踏み込んで方針を変えたわけです。「持つ」のと「使う」のとは違います。中国が「核の先制使用はありうる」と言い出している状況で、日本も同じかと受け取られかねない、大変危険な話なのです。

佐藤　現在の国際情勢のなかで、核拡散は深刻な問題です。北朝鮮が核実験をし、ミサイルを発射する。韓国政府にも、NPT（核不拡散条約）体制との衝突を厭わず核を保有しなければならない、という声がある。中東でも、核拡散の脅威が現実化している。そういう状況で、「日本が核使用も憲法上許容される」とまで踏み込んだのは、とてつもなく大きな意味を持つはずです。ところが、大きなニュースにもならず、スルーされている。被爆国として、核をめぐる議論は、国内でも一見、盛んになされているようなのに、肝心なところで、国際社会と感覚が大きくズレています。

■日本の核開発能力

池上　戦後日本の核政策、原子力政策をふり返ると、日本が自前の原子炉開発にこだわったのは、将来的には核兵器を保有するのが夢だけれども、そこまでいかなくとも、「いつでもつくれるのだぞ」という状態にすることが、抑止力につながる、と考えていたからなのですね。

佐藤　そう思います。核の脅威は、「意志」と「能力」によって測られますが、日本は、「能力」はあるが、「意志」はない、という姿勢を示してきたわけです。

しかし、IAEA（国際原子力機関）も含めて、国際社会は、核に関しては性悪説を採ります。どんなに核開発の「能力」を持たなそうな国でも、「核兵器を持つ」と口にした瞬間に有罪推定になる。逆に、どんなに平和意図を表明していても、「能力」があれば、有罪推定として、監視の対象になる。現に、IAEAも、日本に対する査察が最も厳しい。

池上　アメリカからも、「核のリサイクルはやめるべきだ、プルトニウムを貯めこんでどうするのだ」という圧力がかかっています。二〇一四年の核保安サミットでも、日本が研究用として一九六〇年代から一九七〇年代に米英仏から購入したプルトニウムのアメリカへの引き渡しが決まり、二〇一六年三月にアメリカに向けて運び出されました。ところが、処理施設のあるアメリカ・サウスカロライナ州の知事が受け入れを拒否して、行き先が宙に浮いています。

しかし、それとは別に、日本には、使い道のないプルトニウムが四八トンもあります。原爆数千発に相当する量です。

■ウラン型原爆こそ核拡散の脅威

佐藤　ただ、核開発との関連では、プルトニウムばかりが問題にされるのですが、核拡散の脅威からすると、実は、ウランの方が深刻です。

広島型原爆と同じウラン型原爆は、旧式だとしてノーマークでした。ところが、北朝鮮に裏をかかれました。北朝鮮がチェルノブイリ型の原発を稼働して、そこからプルトニウムを抽出し、原爆をつくるつもりだとしていた。交渉で軽水炉に転換させて、プルトニウム抽出を阻止しようとしていたら、北朝鮮は時間稼ぎをして、なんと旧式のウランによる原爆をつくっていたわけです。

ウラン型原爆には、実は利点がある。起爆が簡単なことです。TNT火薬を入れておくだけでいいので、起爆装置の開発も、起爆実験も、不要です。

ウランの濃縮は、どこの国も独自開発できるし、日本も独自開発している。言い換えれば、ここに日本の技術的な強みがある、とも言えます。

■日本は二年で核武装可能

池上　ウラン型は、実験が不要なのが有利で、濃縮技術さえあればいい。原発の燃料用なら、ウランを三％から五％に濃縮します。医療用のアイソトープなら、二〇％。これを九〇％まで濃縮すれば、核爆弾になる。

濃縮するには、まず自然界のウランを六フッ化ウランという形でガスにする。これを遠心分離機にかけてぐるぐる回すと、ウラン235より中性子三個分重いウラン238が外側に集まってくる。その外側の部分を取り除けば、ウラン235の濃度が少しずつ高まっていきます。

ただ、この際、分離した238の使い道がなく、産業廃棄物になってしまうのが、問題でした。ところが、「これは比重が一番高いから、戦車の砲弾として使えるな」と思いついた。それが劣化ウラン弾です。何が「劣化」しているのかというと、核兵器として使えないという意味での「劣化」です。

このウラン濃縮の技術があれば、その延長上で原爆はつくれます。

佐藤 日本が核保有を決断すれば、現在の技術なら二年以内で持てるでしょう。

池上 日本は、かつて佐藤内閣時代の一九六〇年代後半に、核保有ができるかどうか政府が検討したことがあります。その結果、東海村の実験用原子炉から出てくるプルトニウムを使えば、比較的に早くつくれることがわかりました。ただし、実際につくると、国際的な影響があまりに大きすぎて、かえって国益を損ねるとして、「現実問題としてはつくれない」という結論になっていました。

■原発依存が非核につながる

佐藤 日本には、核保有の「能力」はあるが、「意志」はない、ということですが、うがった見方をすれば、その「能力」を維持するために原発はなくせないことになる。

さらに言えば、現在のNPT体制の下では、原発への依存度が一定程度以上だと、核保有の選択をした瞬間に、日本は、エネルギー危機に襲われます。というのも、NPT体制の下でウランやプルトニウムが供給されているのは、核開発をしないことが条件になっているからです。

池上　核開発を表明するか、核開発が発覚した瞬間から、日本はウランを輸入できなくなります。

佐藤　ということは、原発に一定程度依存していることが、逆に、核開発をしない保証になる。国際社会が日本に「日本には地震があるんだから、福島第一原発事故を起こした以上、原発をやめろ」と言わないのも、エネルギーとして欠かせない原発を人質に取る形で、日本の核開発を阻止しているからだ、とも言えます。

池上　日本の核武装を主張する人がいますが、物理的に不可能です。

■核を保有しても設置場所がない

池上　仮に、とりあえず、現在、保有するウランやプルトニウムを用いて、日本が核開発するとしましょう。その場合、ウラン型でも、プルトニウム型でも、日本は簡単につくる能力がある。Ｈ２Ａロケットもあるので、大陸間弾道弾もつくれるでしょう。
ところが、これを抑止力として使おうとしても、一体どこに置くのか。
たとえば、冷戦時代、米ソは、広大な砂漠の地下に設置したり、原子力潜水艦に搭載して、核兵器がどこにあるか分からないようにしていました。どこかの国が攻撃しようとしても、どこから核兵器が反撃してくるかわからない、という形で抑止力にしていたのです。設置場所が分かれれば、敵に真っ先にそこを攻撃されますが、日本の場合、狭い日本列島のどこに置くのか。しかも、原子力潜水艦もありません。

佐藤　核保有を言い出した政治家先生の選挙区に置いてください、ということにもなる。

池上　日本のような狭い国土では、そもそも無理なのです。イギリスも、狭い国土に設置すれば、ロシアから飛んでくるミサイル一発でやられるので、原子力潜水艦に搭載して、常に、その一隻が、大西洋のどこにいるか分からないようにして、抑止力にしています。

佐藤　こういう技術的、物理的常識を踏まえない核保有論など、まったくナンセンスです。

■オバマ広島訪問に冷ややかだった沖縄

佐藤 ところで、沖縄の新聞は、オバマ大統領の広島訪問をかなり冷ややかに見ていました。

新聞の見出しを見ますと、サミット初日の五月二六日の『琉球新報』一面は、「基地なき島訴え 4000人、日米に抗議決議」「オバマ氏謝罪せず 協定改定も否定」「知事『前進全くない』」、三面では日米首脳会談について、「冷淡な日米政府 実効性伴わぬ『誠意』」。サミット二日目の朝の一面は、「海兵隊撤退を初要求 県議会が抗議決議」「首相『辺野古が唯一』」「知事『県民放置国家だ』」と、まったく触れていません。

池上 本土や東京の新聞とは、ずいぶんズレがありますね。

佐藤 この時、沖縄の新聞が大きく報じていたのは、二〇一六年四月に起きた元海兵隊で米軍属の男によるうるま市での強姦殺人事件とともに、一九四五年の沖縄戦当時の米兵による女性殺害の記事でした。「これまで黙っていたが、かつてこういうことがあったんだぞ」という趣旨の記事です。あるいは、そもそも終戦間際に日本政府が近衛文麿特使をソ連に送ろうとしたとき、戦後に維持すべき日本領土の要求範囲に沖縄を含めていなかったことを取り上げた記事もあって、「これは切り捨てだ」と。オバマの広島訪問は、所詮、日本の話。われわれには関係ない、という論調です。

■無視される沖縄の声

佐藤　オバマ大統領の来日にあたって、実は、翁長知事は、安倍政権に「助け舟」を出していました。ところが、安倍政権の方がこれに乗らなかったのです。

「オバマ大統領に会わせてくれ」という翁長知事の要望に対しては、安倍首相からオバマに「会ってくれ」と申し出て、アメリカに断らせればよかったものを、安倍政権みずから話の入り口で拒否したことによって、日米が一体となって沖縄に対峙する構造になったのです。

池上　翁長知事が女性殺人事件への抗議で、オバマ大統領との会見を求めたのですが、日本政府は、その仲介すらしようとしなかったのですね。

佐藤　七〇年前は、「本土決戦のための捨て石にされた」と言っても、戦艦大和が沖縄を助けに特攻に出て四八〇〇人が亡くなり、陸海軍の特攻隊と合わせると、一万人が沖縄のために亡くなった、とも言える。それなのに、今日の日本政府は、オバマとの会見一つつなげないのか、というのが、沖縄の怒りです。しかも日米首脳会談で「辺野古強行」を、日本政府ではなく、オバマに言わせています。

これでは、日本政府が沖縄の声を完全に無視しているも同然です。

池上　全国紙では、オバマ大統領の広島訪問が大々的に報じられて、沖縄の女性殺人事件の方は、その陰に隠れてしまった形です。

佐藤　しかしそれは、安倍政権の権力基盤を強化するという目的に照らせば、正しいのかもしれません。沖縄の人口は、日本の一％です。一％は無視して、九九％を味方につけるのは、民主主義制度においては、理に適っています。

■まともな植民地統治を

池上　東京の新聞を読んでいると、沖縄の緊迫した状況は伝わってきません。

佐藤　沖縄問題がわからないのは、別に日本人が悪いからではありません。本土の人に悪意があるわけではない。

たとえば、ソ連がバルト三国の思いをどう理解していたか。バルト三国の人口は、エストニア一三〇万人、ラトビア二二〇万人、リトアニア三二〇万人で、合わせて六七〇万人。ロシアの人口は一億五〇〇〇万人です。人口比率がこれだけ非対称なわけで、六七〇万人の集団の人々の気持ちは、一億五〇〇〇万人の集団の人々にはわからないものです。

エリツィンは、確かにバルトの独立を支持しました。しかし、そのエリツィンは、一〇〇万人のチェチェン人の気持ちはわからずに、戦争になりました。ソ連がバルトの独立を認めたのも、政治的な思惑からであって、別に少数派の思いを理解して支持したわけではない。

日本と沖縄の関係も同じです。人口比は、九九対一。わずか一％の集団の気持ちの襞、沖縄人の物事の受け止め方の違いは、なかなかわかるものではありません。しかし、「わかるはずがない」ということを、わからなければいけないのです。

沖縄が米軍基地を過重負担しているのは、明らかです。差別政策であり、植民地扱いです。そうであれば、沖縄は、日本の植民地だとはっきり認識しなければならない。その上で、植民地としてよりよく遇し、きちんとした植民地統治をしなければならないのです。

翁長知事は、現状ではこの構造を抜本的に変えることは不可能と認識している。

沖縄には、植民地という立場からの脱却こそ重要だと考えている人たちもいます。しかし、私は植民地からは脱却できないと思う。なぜかと言えば、わずか一四〇万人という人口規模のゆえです。しかも周囲を囲んでいるのが、アメリカと中国と日本で、あまりに巨大な国家ばかりです。

日本における子どもの貧困は、いま深刻な問題になっていいます。ところが、沖縄では、さらに酷い状況になっています。日本では、子どもの六人に一人が貧困だと言われていますが、沖縄では、両親が揃っていても、二人に一人近くが貧困になっている。なぜこんな酷いことになるかと言えば、二次産業がないからです。そのために働く場がない。

冷戦時代に西側諸国の対共産圏の前線基地だったギリシャでは、二次産業を育成すると、同時に労働運動が活発化し、共産主義の影響力が及んでくるので、二次産業を敢えて育成しませんでした。沖縄でも、これと同じような理由から、二次産業が育成されなかったのだと思います。

子どもの貧困については、日本でも沖縄でも、一日の食事として、学校の給食しか食べていない子どもがずいぶんいます。給食のない夏休み明けに学校に来ると、体重が一〇キロぐらい減少している子もいます。そのくらい、子どもの貧困は、厳しい状況なのです。

池上 日本という国が抱えるさまざまな問題が、沖縄では縮図となっています。

9

リーダーはいかに育つか？

理想的リーダーが、突如、単独で現れることはない。
組織内で一つずつ経験を積んで、
その組織にふさわしいリーダーが徐々に育っていく。

池上彰

■伊勢志摩サミットの内情

池上　先進国のリーダーが年一回集まるのがサミットです。今年（二〇一六年）は、日本がホスト国となり、五月に伊勢志摩でサミットが開かれました。

この場で安倍首相は、「世界経済はリーマン・ショック前に似ている」「世界経済は危機に陥る大きなリスクに直面している」という表現を用いて、「世界経済がクライシスにある」ということを各国の共通認識として確認しようとしましたが、英国のキャメロン首相（当時）は、「そうではない」と述べ、さらにドイツのメルケル首相も、「そんな言葉は使うべきではない」と反論しました。

このやり取りの間に、メルケル首相は、ワインを三本も空けました。日本酒のあとで、白ワインを一本、赤ワインを二本。メルシャン・ワインだったそうです。味がお気に召したのでしょうか。しかし議論の方は、終いにばかばかしくなったのでしょう、「ここから先はシェルパ（首脳の個人代表）たちに任せて、私たちは寝ましょう」と言って席を立ったのです。

佐藤　「重要なことだから、お前と話しても始まらない」という意味ですよ。

池上　それで首脳宣言では、「リスクがある」というギリギリの表現に落ち着きました。安倍首相は、消費税再増税先送りの条件として、「リーマン・ショック級の事態」を挙げていましたから、これによって、各国の首脳のお墨付きを得た形になったわけです。ただ、他の首脳たちは、これに呆れていたはずです。フランスのオランド大統領も、翌日の自国向けの発言では、「危機はない」と言っていました。

■牧師の子に異教の神を拝ませる

池上　そもそもサミットの会場が伊勢志摩に決まった時、咄嗟に私が思ったのは、「えっ、まさか伊勢神宮に首脳たちを連れていくのか。おいおい、よせよ」ということでした。

佐藤　一神教の人間ならどう受けとめるか、ということが、まったく想像できていない。「おもてなし」と言っても、人間の内面にまで押し入る「おもてなし」が、どこまで許されるのか。メルケルが伊勢神宮に連れていかれて、激怒するのも当然です。メルケル首相の父親は牧師です。牧師の娘を伊勢神宮の内宮まで連れていって、異教の神様を拝ませるなど、いったい誰が考えたのか。イギリスの新聞も批判的に報じていました。

池上　しかし実際、連れていってしまった。政府は「あれは参拝ではない。訪問だ」と言い訳していました。さらに『読売新聞』と『日経新聞』は、サミット前日の安倍首相が「サミットの成功を祈願した」と書いた。しかし伊勢神宮は、個人的な祈願をしてはいけないところなのです。新聞記者もまったくわかっていない。

■無神経すぎた自動車試乗会

池上 それから政府が用意した行事で完全な失敗に終わったのが、日本の水素自動車と自動運転車の試乗会です。トヨタ、ホンダ、日産の車を並べて、首脳に試乗させよう、というものだったのですが、あんなところにメルケル首相が来て、日本の車に乗って笑顔を見せた写真が本国に伝わったらどうなるのか。政治的な致命傷です。

佐藤 同時に、三菱自動車とスズキで不正事件が起きているなか、日本の自動車産業が国際社会でどう見られているのか、という点も想像できていない。

池上 驚くべき鈍感さです。カナダのトルドー首相は、人がいいからニコニコして来ましたが、それは、カナダには、自動車産業がないからです。

ＥＵの首脳も来ましたが、「なんでこんなところに来なきゃいけないんだ」という不快感がありありと出ていました。完全に滑った企画で、メディアセンターに中継される画面を見ていて、実に痛々しかった。

■出所不明の情報を元に国会質問をする議員

佐藤　そうした信じられないことが、いま日本の政治で、さまざまに起きています。たとえば、二〇一六年二月二九日の衆議院予算委員会で、民主党（当時）の山尾志桜里衆院議員が、出所不明のネット上の情報を元に国会質問をしました。「保育園落ちた日本死ね！！！」というブログを取り上げて、待機児童問題を提起したのです。

しかし、民進党の前身の民主党は、過去に党代表が辞任に追い込まれた偽メール事件を起こしています。それなのに、再びネット上から情報を拾ってきて国会質問をしている。もし出所が怪しければ、党が解党するくらいのリスクがあることをなぜ理解できないのか。

そもそも、「死ね」などという言説が、国会という公共空間で飛び交ったのは、おそらく初めてでしょう。こんな言葉が横行するのは、政治の否定であり、民主主義の危機です。それに対して安倍首相が「匿名である以上、実際に本当であるかどうかを、私は確かめようがない」と答弁したのは、極めて真っ当です。

ところが、真っ当な方が通らなくて、これをきっかけに待機児童問題の政策が動くことになった。山尾議員は「みんなが声をあげれば政治は動くという成功体験になればいい」などと言っている。しかも、その政策は、もともと認可外だった小規模保育所の受け入れ枠を緩和するというような、たとえて言うなら、代用教員ならぬ代用保育士のようなもので問題を解決する、という出鱈目な政策です。

■元検事議員の高額なコーヒー&ガソリン代

池上　山尾議員は、政治資金報告によれば、一日に七万円分のコーヒーを飲んだそうです。そんなに飲んだら、カフェイン中毒で死んでしまいます。加えて、二〇一一年に二四七万二三五二円、二〇一二年に四二九万二八一八円のガソリン代の支出記録がある。地球を何周もできるほどのガソリン代です。

佐藤　まったく異常です。あれで摘発しないこと自体、特捜はおかしい。告発状は絶対に出ているでしょうから。しかも彼女は法曹の出身で、元検察官です。

池上　かつては、細かい経費は、ガソリン代としてまとめていたなんてこともありましたが、今は政治資金が厳しく見られているので、こんないい加減な管理ではすみません。

佐藤　厳しくなったのは、政治資金に政党助成金がブレンドされたからです。政党助成金は、要するに国民の税金です。国家公務員で二四〇万円を横領したら、確実に実刑です。それと同じです。

池上 ただ、最近の政治家の不祥事に対する緩さからしても、山尾議員の政治資金疑惑の基準で自民党を揺さぶったら、国会議員の三分の一はいなくなってしまうかもしれない。

■政治家の常軌逸脱

池上 かつては派閥政治が問題視され、最近は自民党でも派閥が弱くなって、議員が公募で出てくるようになりましたが、むしろ公募の議員のスキャンダルが多い。武藤貴也議員などは、未公開株のインサイダー取引を知人に持ちかけているわけで、議員としての資格以前に、あまりに反社会的です。

佐藤 「政治家の犯罪」というより、「犯罪者が政治家のバッジをつけてしまった」という話でしょう。LINEでインサイダー取引をやれば、痕跡が残る、ということぐらい、議員である以前に普通の社会人ならわかりそうなものです。一部上場企業の社員なら完全にクビです。おまけに議員宿舎にデリヘルの男を呼んで買春するなど、公職に就く人間のやることではない。開いた口が塞がらない。

池上　衆議院本会議を欠席して自分の秘書と温泉に行っていた上西小百合という議員もいます。維新の党から追い出されたけれども、無所属議員として居座っている。

佐藤　二人とも、おそらく議員歳費が狙いで居座っている。次の選挙で当選する可能性はないから、今のうちに歳費を貯め込もうとしているのでしょう。

しかしそんな連中でも、マスコミの叩き方がいまひとつ厳しくなく、辞めさせられないでいるのは、兵庫県議会の「号泣議員」、野々村竜太郎のスケールがあまりに大きすぎたからかもしれません。彼のことは、国際的に報じられ、世界中が知るところとなりました。政治家の常軌逸脱は、いまや野々村元議員が基準となり、上西や武藤程度ではニュースにならない、というほど感覚が麻痺してしまっています。

■舛添前知事の呆れた公金感覚

池上　東京都知事も、二代連続して「政治とカネ」の問題による任期途中の辞職となりました。ただ、舛添要一知事の就任当初、都庁職員に評価を聞いたら、「以前に比べたらはるかにいいです。なんたって平日毎朝出てきますから」と言っていました。前の人（猪瀬直樹元知事）は「夜型人間」を自称していて、午後の登庁が多く、その分、職員も夜遅くまで居残りになっていた。前の前の人（石原慎太郎元知事）は、週に二、三回しか登庁しなかったので、「毎朝来て都庁職員の話を聞いてくれる」というだけで高く評価されていた。それに彼は前の二人と違って怒鳴らないのもよかった。

佐藤　舛添さんは「朝まで生テレビ！」での印象が強いからエキセントリックな人のように勘違いされますが、全然そうではなく、大いなる常識人です。また、国際政治学者としては一級の学者で、その点では立派な人です。

池上　だけど贅沢志向ですね。

ヨーロッパへ出張するのに、なぜファーストクラスに乗る必要があるのか。ビジネスクラスで十分でしょう。なぜ一九万円のスイートルームに泊まるのか。

佐藤　そのスイートルームに会見相手を呼びつけるのだったらわかります。インテリジェンス業界ではあり得る。この業界では、相手にどれくらいの実力があるのかわからない。ですから、どれくらい金を遣えるかで、そこを判断する。そのはったりをかますのに一番いいのがホテルです。ホリデイ・インに泊まっています、と言ったら、もうそれだけで相手にされない。

ただ、そういう目的があったという感じもしません。脇が甘いという以前に、納税者の立場をどう理解しているのか。ホテルや飛行機のファーストクラスの方は、まだ説明がつくかもしれない。しかし、回転寿司や理髪店や風呂というせこい話は、まったく理解できない。「政治資金規正法」は正しいという字の「規正」であって「規制」ではない。つまり性善説で、正しく使うと信頼します、ということなのに、この有様では、とても性善説には立てません。

■都庁の裏金？

佐藤　しかしこの事件の裏には、また別の問題が潜んでいるように感じます。舛添氏は、都の役人たちの「米櫃」に手を突っ込んだのではないか。おそらく東京都には、都の役人たちが自由に使える機密費があったのではないか。そこに手を突っ込んで「俺に全部使わせろ」と要求して、結局、この事態を招いたのではないか、というのが、私の仮説です。

そう思う根拠は、尖閣諸島の問題です。

石原慎太郎知事の時に、「尖閣を都が買う」ということになったのに、都議会で拒否されました。ところが、猪瀬直樹氏が寄付を集めて、簿外で一五億円も集まりました。

ここで考えるべきは、通常、株式会社や行政機関では、簿外で金を集めるというのは、あり得ない、ということです。常識で言えば、「裏金」です。しかし、一五億円の裏金を誰も咎めなかった。それは、そもそも組織のあちこちに簿外の金があるからではないか。

東京都庁には、青島幸男知事以後、石原知事も、猪瀬知事も、あまり出てこなかった。そこで、事実上の裏権力ができ上がっていた。舛添氏は金に敏感だから、その裏金に手を突っ込んだ。私はそういう仮説で見ています。そうでないと、ああいう情報の出方はしません。

池上　舛添氏は、おかしな金の使い方をしていましたが、裏返せば、なぜそれが可能だったのか。舛添氏が領収書を大雑把に渡したら、それを取り敢えず処理しているわけです。処理できるだけの金があったということです。

佐藤　仮に都庁の内規に反する項目があったら、予算措置がつかないはずなのに、それを補塡できる金がどこかにあった可能性があります。ここを会計の専門家が調べたら、都庁を揺るがす疑惑になると思う。

池上　小池百合子新都知事が、都政改革本部を設置しましたから、ここから「都政の闇」が解明されることもあるかもしれません。

■独りよがりのエリート主義のポピュリズム批判

佐藤　官僚の独りよがりのエリート主義も目に余るものがあります。

二〇一六年三月二六日付の『朝日新聞』に、読み捨てならぬ記事が出ていました。二〇一五年に四九歳で亡くなった松田誠という外交官を讃える記事です。外務省人事課の首席事務官だった二〇〇九年の入省内々定者に向けて書いた「檄文」を紙面で紹介していたのです。

「諸君は既に『公的な人材』である。自分自身のためだけに生きるという人生は、もうすぐ終わる」「諸君には義務がある。国益の一部を担うに足る人材に成長する義務がある。常に謙虚さを忘れないことを肝に銘じながら、自己鍛錬し、人を率いていくために必要な能力と人徳を培っていく義務がある」と。

そして記者は、「この『檄文』を受け取った同期の何人もが、パソコンや携帯に写しを保存している。そのうちの一人は『くじけそうになったり、流されそうになったりしたとき、この文面を見返して初心を思い返しています』と話した」と続けていました。

こんな立派な外交官がいた、と褒めたたえているのですが、なぜいま、こんな記事を出すのか。我々エリートが結束して国家を守らなければ、という意識が透けて見えます。トランプのような現象は、民主主義制度の欠陥であるから、国家を守るために、民主的な手続きよりも、エリートの結束が重要だ、と。

こういう人は、なぜトランプのような人物が出て来たのかを真面目に考えようとしない。そして、ああいう現象は危険だ、資格試験に通った官僚たちが最も優秀なのだから、官僚にすべて任せればいい、と考えているわけです。

もちろん、エリートとして社会に奉仕する意識は重要です。しかし、これは、それと似て非なる独りよがりのエリート意識、要するに、ナルシシズムにすぎません。こういうポピュリズムを批判するだけの歪んだエリート主義が出てくるのを、私は今かなり心配しています。

池上　君たちは、すでに公的人材であり、自分自身のためだけに生きる人生はもはやない、というのは、一種の「滅私奉公」論ですね。

佐藤　私自身は、部下に向かっても、こういう言い方は絶対にしませんでした。「君たちは自分自身のキャリアアップを考えろ。それと社会に貢献することとの連立方程式をうまく立てるんだ」と。

問題は、こういう檄文を出すこと自体、いかなる法的根拠があるのか、外務省設置令のどの法令に基づいているのか、ということです。

官僚の仕事は、すべて法的な根拠がなければいけません。こんな怪しげな檄文を礼賛する朝日の記事は異常です。要するに、自分たちはエリートであり、そういう特別な人間が外交や政治を動かしているんだ、という意識の現われです。

池上　そういう思い上がりですね。一部の財務官僚も同じように思っているのでしょう。

佐藤　しかもそれを文書にして、マスコミの連中に流し、外務省の応援をさせる。記者もそれに乗っかっている。

これは、ある意味では、トランプ的現象、現在の安倍政権の反知性主義に対する、官僚サイドと『朝日新聞』のようなエリート記者たちの危機感の現われとも言えます。

トランプのような現象が出てくると、しばしば次のような議論になります。「民主的な手続きによってヒトラーを阻止できなかった歴史を思い起こす必要がある。たとえば、アラブの春の後のエジプトを考えてみよう。選挙で生まれたムスリム同胞団の政権を放置してよかったのか。やはりシシ将軍のクーデタによる軍事政権でよかったのではないか。同様に、民主主義的な手続きによって民主主義の首を絞める動きが出てきたら、エリートが、これを何としてでも阻止しなければならない」というような民主主義を否定する議論です。最近のエスタブリッシュメントの側から出てくるポピュリズム批判には、警戒が必要です。

池上 ある部分では、彼ら自身もポプルス（民衆）の一人であるはずなのに、そうは思っていない。思い上がったエリート意識は、実に危険です。

■角栄ブームをどう見るか？

池上 ところで、リーダー論ということでは、おそらく過去に対するノスタルジーも伴って、田中角栄がブームになっています。

佐藤 いま角栄が持て囃されているのは、私は一種の日本の病理だと思います。

池上 そうかもしれません。これだけ時代状況が複雑になって、政治家にしても、物事を簡単には決められなくなった。そうであるがゆえに、角栄が決断力のある優秀なリーダーに見えてくる。

確かに、角栄にはそういう資質もあったのでしょう。しかし、仮にいま角栄が日本にいたとしても、事はそううまくは運びません。

佐藤　角栄のやり方が通用しないのは、日本がもはや右肩上がりの経済ではないからです。

池上　本当のリーダーに必要なのは、やるべきことは何かを見極める力があることですが、その意味では、角栄の頃は、もう少し簡潔にリーダー論を語ることができました。

佐藤　そうですね。日本の首相にしても、一昔前までは、一つの課題に取り組めばよかった。竹下政権にとっての消費税導入というように、「一内閣一テーマ」で良かったわけです。

ところが、現在は、それでは通用しません。複数の問題に同時に対応しなければならないからです。同じくらいの比重で、貧困問題、教育問題、安全保障問題に同時に取り組まなければならない。

ただ、カネと権力の代替関係という点では、角栄は先駆者とも言えますが、新自由主義的なあり方とは異なります。

池上　「列島改造論」はまさに富の再配分で、社会民主主義的な政策とも言えます。

佐藤　富の再配分を官僚の手を経ずに政治の力で行うとすれば、どうしても腐敗もついてきますが、腐敗を上回るメリットがあれば、目をつぶってもらえました。またカネを渡すにしても、「これなら運命共同体になってもいい」という相場感を一人一人に対し持っていて、濃密な人間関係を伴っていました。

池上　田中角栄のブームに乗って、多くの角栄論が出ていますね。石原慎太郎の『天才』（幻冬舎）はベストセラーになっています。

佐藤　最近刊行された角栄論の中では、石井一《はじめ》の『冤罪』が最も優れていて、非常に面白い本です。

まず彼自身、角栄に私淑していました。またスタンフォード大学大学院で修士号を取得していますから、英語が非常に堪能で、アメリカ側の資料にもあたっています。つまり、身近で知る角栄とアメリカの資料を突き合わせて書いているわけです。

この本の結論と言えるのは、おそらく以下のような箇所です。

「ロッキード社は民間機だけでなく軍用機を製造し、特にP３Cの日本への売り込みが日米間の貿易インバランスをただすための最重要課題だと言われていました。また、金額的にはトライスターよりP３Cの方がはるかに大きかったのですが、P３Cを取り上げるとなると、日米間の防衛汚職として、両国の安全保障体制を極度に揺るがす大スキャンダルに発展する恐れもあり、これらについては一切触れないということになりました。

したがって、影のフィクサーとして動き、巨額な金員を手にした児玉誉士夫や小佐野賢治に対しても、当時噂されていた中曽根康弘ほか灰色高官とされた十三名に対してもP3Cに関しては一切立件せず、焦点を合わせるのは田中とトライスターのみに絞って日米両国が立件に乗り出したのです。

米国の大きな計画がなければ、ここまではできなかったし、日本の総理大臣が三木でなかったら、そこまでの広がりもなかったと思います。いわばキッシンジャーの陰謀と三木の怨念というものの利害が一致し、田中に対しての陰謀が実行されたと言っていいかと思います」(『冤罪』産経新聞出版)

ロッキード事件とは、本来、旅客機のトライスターではなく、対潜哨戒機のP3Cオライオンをめぐる汚職だったのに、その点は伏せて、「P3C(中曽根康弘)」を「トライスター(田中角栄)」に入れ替えて立件した事件(=冤罪)だ、と書いています。ストレートな書き方ではありませんが、真の当事者は、田中角栄ではなく、中曽根康弘だというのです。

池上　先日放映されたNHKの実録ドラマ「NHKスペシャル　未解決事件　ロッキード事件」でも、実はトライスターではなくP3Cが本命だった、という見方をしていました。

佐藤　この石井の見方は非常に鋭いと思います。資料を丹念に追いかけています。という以上に、金にものを言わせてかなりの材料を集めています。資料収集と調査のため、角栄側から相当資金が提供されたのかもしれません。

この本のもう一つの面白さは、自分自身が角栄からお金をいくら貰ったかを具体的に書いているところにあります。

「田中との会見はほんの四、五分でしたが、帰り際に握手を交わすと、背広の内ポケットからパッと封筒を出して私にくれました。

実は挨拶に行く前、兄貴分だった竹下登（後に総理大臣）からこんなことを言われていました。『目白に行ったら、はっきりモノをしゃべれよ。あの迫力に負けたら何も言えなくなるからな』。さらに『たぶん金をくれるから、もらったらすぐに僕に報告しなさい』と。

すぐに田中邸の前にある電話ボックスに駆け込み、封筒の中を数えると三十万円が入っていました。指示通り竹下に報告すると『すごいな。君に対する期待は大きいぞ』と言ってくれました。当時の三十万円は現在の価値に換算すれば十倍くらいで、私にとっては大

変なお金でした」（同）

池上　ずいぶんはっきり書いていますね。

佐藤　さらに、田中事務所の佐藤昭（昭子）秘書から毎月五〇万円貰ったとか、選挙のときは田中から五〇〇万から一〇〇〇万の金が届けられたとか、金の話が細かく書いてあります。

池上　角栄の「金権政治」の実態が分かる貴重な証言です。角栄の金が云々という話はこれまでもありましたが、自分がいくら貰ったという話をここまで書いた人はいないでしょうから。

■「カネ」と「権力」は代替可能？

佐藤　少しひねくれた言い方を敢えてしますと、リーダーと詐欺師はどこが違うのでしょうか。

池上　「成功した詐欺師がリーダー」だということですか？

佐藤　今日では、そういう面があると言えなくもありません。たとえば、ホリエモン（堀江貴文）は、ある意味では、ビジネスマンの一つのモデルで、日本社会のリーダーの一人なのかもしれませんが、本当に成功しているのかどうかはよく分からない。

池上　トランプも、「成功した優秀なビジネスマン」と言われていますが、実は会社を四度も倒産させています。

佐藤　私が問題にしたいのは、「カネ」と「権力」を代替可能と考えるかどうかということです。

アメリカでは、カネとリーダーシップがストレートにつながります。けれども、ヨーロッパはそうではありません。良くも悪くも、階級社会と人種差別、民族差別が残っていて、カネと権力を同等にみなす新自由主義が、完全には浸透していない。

その点、日本では、基本的にお金を持っていても、持っていることを隠します。それを隠さなくなるのは、堀江さんや村上ファンドの村上世彰さんあたりから始まった傾向ですね。彼らは、日本における新自由主義の象徴です。しかし、社会全体が新自由主義によってどの程度変わったのかは、私にはよくわかりません。

池上　かつては、金を持っていることを隠すのが金持ちの嗜みでした。

佐藤　そういう意味では、各時代の経団連会長を見比べてみるのも面白いかもしれない。かつての経団連の会長は、かなりの社会的な影響力を持っていました。

池上　そう言えば、「今の経団連の会長は誰か？」と考えても、すぐには思い浮かびません。労働団体の連合の会長も同様です。存在感が薄まっています。

佐藤　かつての総評（日本労働組合総評議会）の太田薫議長や岩井章事務局長、あるいは経団連の土光敏夫会長などには、リーダーとしての風格と重みがありました。

池上　経団連の会長として印象に残っているのは、トヨタの奥田碩さんあたりまででしょうか。政策の良し悪しは別にして、奥田さんの頃の経団連は、小泉改革とタッグを組んで、存在感がありました。

佐藤　その意味では、小泉政権あたりを境目にして、リーダーをめぐるパラダイムが変わってしまったのかもしれません。かつてのような全人格的なリーダーが存在しにくくなっている。

チェコの作家、カレル・チャペックに『山椒魚戦争』という小説があります。スマトラで見つかった山椒魚が突然変異をして、急速に知性を身に付け、四桁の掛け算くらいなら簡単に暗算できるようになる。しかしLとRの発音がよく区別できない。それから長い言葉の発音が苦手。そして数学、工学、経済、軍事ばかりに関心を向けて、音楽、美術、文学などにはまったく関心を示さない。まさに新自由主義です。

それで、やがてチーフ・サラマンダー（山椒魚総統）に支配される山椒魚と、貴族的な古老のキング・サラマンダー（山椒魚王）に支配される山椒魚とが大戦争を始めるという話なのですが、音楽や文学など要らない、技術的なものだけでいい、という不気味さは、今の時代に通じています。

■日本人にとっての理想のリーダー

佐藤　最近、テレビドラマの世界では、どういうリーダーが描かれているのでしょう。

池上　話題になったと言えば、「半沢直樹」でしょうか。

佐藤　制度に入れない逸脱者の物語で、反システムの主人公だから、リーダーにはならないでしょう。

池上　確かに「半沢直樹」はリーダーにはなれない。けれども、多くのサラリーマンが喜んで見る。とんでもない上司が出て来るからこそ共感を抱くのでしょう。ある面で時代を捉えている。

佐藤　日本人が思い描くリーダーというのは、一昔前なら、『釣りバカ日誌』の社長のスーさんのようなイメージだったと思います。

池上　そうですね。

ただ、日本においても、さまざまなタイプのリーダーが語られています。「俺についてこい」というように、グイグイと組織を引っ張っていくのが理想のリーダーなのか。あるいは、部下の話をよく聞いて、一人一人を立てて、うまく組織を動かして、自分は上に君臨するだけなのが理想のリーダーなのか。

世の中が順調に回っているときには、「よきにはからえ」というタイプでいい。ところが、乱世になったり、不景気でどうしようもなくなれば、グイグイ引っ張ってくれる強いリーダーを求める。本当の意味で、どちらが良いリーダーなのかが問題です。

■成功しているリーダーと集団的価値

佐藤　では、今日、リーダーがリーダーとして機能しているのは、どういう場合なのか。たとえば、共産党の不破哲三氏は、リーダーとして機能している。創価学会の池田大作氏もそうです。公明党の山口那津男代表もそうだと言えるでしょう。

つまり、下に支部組織のネットワークがあるから、リーダーが機能する。ローマ教皇（法王）のフランシスコもそうです。これもカトリック教会という下部組織があるからです。

そして地域のリーダーとして成り立っているのは、沖縄の翁長雄志知事ぐらいでしょう。沖縄では、自民党系の連中でも、日本人が翁長知事を侮辱するような発言をすれば怒るはずです。その意味で、翁長知事は、オール沖縄を束ねることに成功している。

池上　トップの指示によって組織が動くということですね。また組織には、金を上納するという機能もある。

佐藤　ですから、翁長知事も、辺野古基金をつくったら、六億円も集まってくるわけです。

ただ沖縄でそれが成り立っているのは、ナショナリズムゆえでしょう。虐げられているという負の連帯感情による結束です。スコットランド国民党の党首が、リーダーでありえているのと同じ事情です。

つまり、リーダーが現れているのは、宗教があるか、あるいは「敵」のイメージがあるところです。アトム化していない、耐エントロピー構造があるところだけに、リーダーが出てきている。イギリスには、リーダーはいないが、スコットランドにはいる。沖縄にもいる。何らかの差別を受けている集団、特殊なイデオロギーや特殊な宗教によってまとまっている集団の中にはリーダーがいる、ということです。

池上　そういう意味では、多くの現代人にとっては、アトム化している方が幸せに感じるのかもしれません。

佐藤　確かに、スイスやスウェーデンでは、大統領や首相が誰なのか知らないとしても、それで国民が不幸になる感じはありません。

池上　若い人を見ていても、率先してリーダーシップをとるようなことはしない。ひたすら空気を読んで、浮いてしまうことを恐れている。小学校の頃から目立たないようにしないと苛められる、と思っているので、リーダーなど育ちようがありません。

佐藤　灘高生のようなエリートの卵を見ていても、やはり目立たないように注意していますね。

■リーダーの猜疑心

佐藤　その一方で、リーダーの方は、猜疑心が強くなっています。

部下に任せると言いながら任せることができず、これをやったら絶対に組織が壊れると分かるような場合でも、あちこちにチェックシステムを入れたり、同じ課題を複数の人に与えて競わせたりするトップがいます。

NHKの籾井さんも、猜疑心は相当なものではないですか。

池上　相当なものです。それはすごいですよ。

トップが猜疑心の塊になってくれば、部下としては、こんなに一所懸命やっているのにどうして信頼してもらえないのか、と思うほかありません。妙な疑心を持たれたらまずいというので、守りの姿勢にもなる。すると、ますます率直な発言をしなくなるから、リーダーからは二心があるように見えて、さらに猜疑心が深まる。そういう負のスパイラルに陥ります。

■リーダーシップの難しさ

佐藤　かつては、子供が病気やケガをすれば、会社が助けてくれたものですね。ところが今は、会社がそこまでやってくれるとは、誰も思わない。城山三郎の『毎日が日曜日』にあるような、ベタベタした人間関係は考えられない。互いの家族構成がどうなっているか、どこにマンションがあって行きつけの飲み屋がどこかなど知らない。
たとえば、会社の経営者が、「こんなに一所懸命働いてくれる立派な社員たちがいる。

社長にとってこんな幸福なことはない」と思い、社員も「社員のことをこんなに考えてくれる立派な社長がいる。やっぱりこの会社にいてよかった」と思えれば、幸せです。この相互関係に少し手を加えれば、俗流哲学として、仕事やリーダーの秘訣として、いくらでも応用できる。

金日成は、とりあえず、それに成功したわけです。ですから、あの国にいたら幸せはあると思う。「今年の首領さまの誕生日には運動靴が一足子供に貰えた。やっぱりこの国に生まれてよかった」というわけで、余計なことを考えなければ、絶対幸せなはずです。

池上 ただ、リーダーシップが人格化されて、そのリーダーがいるからこそ組織が成り立っている、という組織は強いですが、難しいのは、余人をもって替え難いリーダーがいると、かえって、その人がいなくなったら組織も終わりになることです。これは、ものすごいリスクです。

佐藤 その意味では、読売新聞とJR東海が危ない。

池上 中内㓛がいなくなった後にダイエーに起きたのと同じようなことが、鈴木敏文がいなくなったセブン&アイ・ホールディングスにも起きないともかぎらない。

佐藤 リーダーには、他人の気持ちになって考える共感力が不可欠です。しかし、必要ある状況においては、非情に切り捨てなくてはならないことも出てくる。そこが難しい。

池上　逆に、切り捨ての方は、最近のリーダー論では、持て囃されている。コストカッターやリストラ屋が、理想の経営者として評価されている。

■リーダーと教養教育

池上　しかし、育成がいくら難しいとしても、人間の社会や組織に、リーダーは不可欠です。では、どうすればよいのか。

佐藤　近代国家においては、すべての土台をなすのが教育です。ですから、教育の中に、リーダー論、リーダーシップ、愛国心を埋め込む必要があります。しかし、リーダーシップや愛国心などをむき出しで鼓吹しても効果はありません。これまでは、そこを文化に埋め込む形で自然に身に付くようにしてきました。

ところが、その文化が弱くなっています。小説など読んでも無駄だと思っている。日本史も役に立たない。和歌など詠んでも意味がない。しかし、そういうところからは、リーダーは育たない。

池上さんも、だからこそ、教養教育の重要性を強調されているのだと思います。

池上　東京工業大学で理系の学生を対象に教養教育を始めたのは、これまで、本当のリーダーを育てることができなかった、という危機感からです。

どうすればリーダーが育つのかは、よくわからない。しかし、少なくとも教養、リベラルアーツを備えていなければ、リーダーとして育たない。そこだけははっきりしているからです。海外のリーダーを見ると、皆、リベラルアーツを習得しています。

佐藤　トランプが書いたものも、トランプなりの俗流哲学ですが、二宮尊徳、石田梅岩、あるいは松下幸之助くらいのレベルにはなっています。ロバート・キヨサキとの共著も、人にやる気を出させる方法や人間関係の構築の仕方を論じていて、なかなか説得力がある。通俗道徳に関してはそれなりの思想家なのです。また、トランプが最も重視している価値は、「勤勉」です。そこで金融資本とぶつかるわけです。右から左にお金を動かすだけで儲けるようなのは、勤勉という価値に悖る、と。

では、このレベルの通俗道徳を曲がりなりにも体系的に語れる日本の政治家が、一体どの程度いるのか。

池上　ただ、先程述べたように、トランプは、「優れた経営者」というより、「タフな交渉人」ですね。「経営」というより、すべて「ディール（取引）」です。大統領になれば、プーチンとディールができる、習近平とディールができると、トランプは思っているのでしょう。

佐藤　それに対し、プーチンは、トランプとは違うタイプで、ロシアのインテリの系譜を引く、なかなかの教養人です。ビザンツ帝国の伝統でもあるのですが、哲学者による政治、哲人政治を理想とするところがある。

池上　では、日本で教養のある首相は誰でしょう。宇野宗佑首相は、どうだったのか。教養は教養でも、書を嗜むといった趣味の方の教養人です。演説は、雄弁だけど薄っぺらでした。

佐藤　日本の経営者にも、雄弁だけど薄っぺら、というのが多い。

池上　大平正芳は本当の教養人でした。

実は、彼の政策は、後に実現されたものが多い。田園都市構想などのプロジェクトも、設定したのは彼で、それが一〇年、二〇年経ってから動き出しています。

「あーうー」という意味不明の話し方も、実は、あれはあれで見事なのです。「あーうー」を抜いて筆記すると、そのまま活字の文章になる。彼は書き言葉で喋っていた。「あーうー」でリズムを取りながら、頭の中で文章を書いていたのでしょう。

■リーダーは段階を経てつくられる――帰属意識と社風

佐藤　ただ、個人がそれぞれ教養を身に付ければ、それでよいという話ではありません。リーダー論もそこを考える必要がある。いきなりトップ・リーダーは出てくるわけではないのであって、まず社会の中堅やボトムのリーダーが育たなければいけません。

池上　自民党にしても、若手が派閥で鍛えられる、ということがなくなっている。

佐藤　ジャーナリズムでも、書き手を鍛える場がなくなっています。

官僚組織も、昔は「課長補佐が力を持っている」とか「主査が動かしている」と言われたものでしたが、そういう秩序も崩れている。

どの組織でも、下士官クラスのリーダーがうまく育っていない。シールズのような運動では、下士官クラスのリーダーは生まれようがない。SNSで集まれと呼びかけて集まり、集会が終わると散り散りになる。これではノウハウは伝授されません。

日本でもう一度システムを活性化させるには、やはり企業が重要ではないでしょうか。中小企業でも大企業でも、何らかの形で終身雇用制があって、帰属意識が生きている企業。そういうリーダーシップがある企業は生き残るし、その企業がある地域は強くなっていく。

あるいは職能組合や地域活動がしっかりしているのなら、それでもいい。人間が成長するには、やはり何かに帰属することが大事です。企業でなければ、宗教団体でもいい。

池上 個人でも国家でもない、中間団体が大事だ、ということですね。

佐藤 そうです。それと、企業の価値の再認識においては、会社ごとの社風が持っていた意味も軽視できません。何となく皆で覚えていく社風や社訓も、馬鹿にできるものではない。

池上 ＮＨＫにも、社風のようなものがあって、いわゆる出世していく人間と、そうではない人間が、互いに認め合い、記者とディレクターなら方向性が違うけれども、互いに評価し合う文化がありました。そういう文化が組織を支えていたようにも思います。

■エリート教育に必要なもの

佐藤 「リーダー」と「組織」は、相互に補完的な関係にあります。

池上 「ローマは一日にして成らず」と言われるように、理想的なリーダーも、突如、単独で現れることなどありません。促成栽培できるものではない。組織内で一つずつ経験を積んで、その組織にふさわしいリーダーが徐々に育っていく。

佐藤　その根底には、リーダーと組織の間、あるいは組織内のメンバーの間に相互の信頼があります。社風や帰属意識が大事だというのも、そういう意味です。

池上　帰属意識ばかりで、個人が埋没してはいけませんが、新自由主義によって個人がアトム化しているなかで、人間が「群れをつくる動物」として、「組織」と「リーダー」を必要とする存在であることを改めて認識する必要がありますね。

佐藤　そう思います。人間が独りでは生きていけない社会的存在であることを忘れ、組織やリーダーというものを忌避すれば、自己利益と自己実現だけを追求するナルシシズムに陥るほかありません。「向上心」の高いエリートほど、その罠に陥る危険があります。これこそ、現代社会の深刻な病理です。エリート教育に必要なのも、実は、個々の知識や教養以上に、人間は「群れをつくる動物」であり、「独りでは生きていけない存在である」ということを教え、学ぶことではないかと思います。

おわりに

現在は、リーダー不在の時代である。そういう時代状況を踏まえて、あえてリーダー論について、池上彰氏と話し合った。その結果、これまでに見えていなかった事柄が少し見えてきた。

一九九一年一二月のソ連崩壊後、社会主義（実態はスターリン主義）という対抗軸を失った資本主義は、弱肉強食の原理を剝き出しにして、世界全体を席捲した。グローバリゼーションとか新自由主義とか呼ばれる現象である。この世界観は、孤立した個人を主体とするアトム（原子）的了解によって成り立っている。こういう環境では、誰もが自己中心的なナルシシズムに陥りやすい。そのためにリーダー観が変化していった。

リーダーが存在する前提として、その人に従う集団がいる。社会のアトム化により、企業、学校、さらに家庭すら、共同体としての機能を失いつつある。そういう状況では、恒常的な集団に対して責任を持つリーダーは、宗教団体や差別されている地域（例えば沖縄）以外では成立しづらくなる。

バラバラの人々を煽動によって集める。そして、目的が達成されたら解散するという実行委員会型の組織に対応できることが、時代の変化に対応した新しいリーダーということになる。

しかし、そのようなリーダーは長持ちしないと思う。なぜなら、古代ギリシャの哲学者アリストテレスが指摘したように、人間は社会的な動物だからだ。この社会は、ジャガイモを袋詰めしたような、バラバラの個体の寄せ集めではない。一人一人がかけがえのない個性を持ち、それぞれ異なる能力と適性を補い合い、協力して生きていく社会だ。

予見される未来に資本主義体制が崩壊することはないと思う。しかし、こういう社会的動物である人間の本性を破壊する新自由主義的傾向に歯止めが掛かるのは必然だ。そうでないと人類が滅びてしまうからだ。ポスト新自由主義の時代には、アトム的世界観とは異なるものの見方、考え方が必要とされるようになる。そして、それに対応した社会が形成され、新しいリーダーが生まれることになる。

日本の政治エリートも新自由主義がもたらす危険を十分認識している。安倍晋三首相をはじめ、自民党だけでなく民進党の保守派を自認する人々は、「一君万民」のような時代錯誤なイデオロギーで国民を再統合できると考えている。その場合のリーダーは、尊皇思想を体現した人ということになるのであろう。しかし、このようなプレモダンな思想で現実の政治、外交、経済などを動かすことはできない。これに対して、民進党リベラル派系の人たちは、制度設計で分断社会を克服しようとする。しかし、この考え方だと、どこまでの人々を自分たちの社会に包摂するかという線引きによってソフトファシズムのような体制が出現するリスクがある。

これらの問題意識は、池上氏と私の間で共有されていると思う。新しい時代のリーダーがそう簡単に生まれないことを読者にどう理解していただけるか考え、さまざまな切り口から議論を展開した。

私自身は、日本の新しいリーダーは必ず出現すると信じている。その鍵となるのはイエス・キリストの以下の言葉だ。

「弟子たちの間で、自分たちのうちだれがいちばん偉いかという議論が起きた。イエスは彼らの心の内を見抜き、一人の子供の手を取り、御自分のそばに立たせて、言われた。『わたしの名のためにこの子供を受け入れる者は、わたしを受け入れるのである。わたしを受け入れる者は、わたしをお遣わしになった方を受け入れるのである。あなたがた皆の

中で最も小さい者こそ、最も偉い者である』。」(「ルカによる福音書」九章四六〜四八節)

ナルシシズムの肥大した根拠のない全能感を持つような指導者は必要ない。民衆の前にへりくだることができ、弱い人々と共に進むことができるリーダーが、本当に強いのである。私自身は政治は嫌いだが、ソ連やロシアでさまざまな修羅場を見てきたので、政治家を見る目は肥えていると自負している。日本の新しいリーダーになりそうな人は、確実にいる。こういう人が実際に権力を握るには、さまざまな巡り合わせが必要になる。最終的に、私は神が日本を見放すことはないと楽観している。それだから、現在、重要なのは「急ぎつつ、待つ」という姿勢を貫き通すことだと思っている。

本書を上梓するに当たっては、株式会社文藝春秋の飯窪成幸さん、吉地真さん、西泰志さん、同社OBの神長倉伸義さんにたいへんにお世話になりました。どうもありがとうございます。

二〇一六年九月一六日、曙橋(東京都新宿区)の自宅にて

佐藤　優

池上　彰（いけがみ　あきら）

1950年長野県生まれ。ジャーナリスト。慶應義塾大学経済学部卒業後、NHK入局。記者やキャスターを歴任し、2005年に退職。名城大学教授。著書に『伝える力』『世界を変えた10冊の本』『池上彰のニュースから未来が見える』など多数。

佐藤　優（さとう　まさる）

1960年東京都生まれ。作家・元外務省主任分析官。同志社大学大学院神学研究科修了。著書に『国家の罠』『自壊する帝国』『交渉術』『私のマルクス』『読書の技法』『同志社大学神学部』『人間の叡智』『人に強くなる極意』『サバイバル宗教論』『宗教改革の物語』など多数。

文春新書

1096

新《しん》・リーダー論《ろん》
大格差時代《だいかくさじだい》のインテリジェンス

2016年（平成28年）10月20日　第1刷発行

著　者	池　上　　彰 佐　藤　　優
発行者	木　俣　正　剛
発行所	株式会社　文　藝　春　秋

〒102-8008　東京都千代田区紀尾井町3-23
電話（03）3265-1211（代表）

印刷所	理　想　社
付物印刷	大　日　本　印　刷
製本所	大　口　製　本

定価はカバーに表示してあります。
万一、落丁・乱丁の場合は小社製作部宛お送り下さい。
送料小社負担でお取替え致します。

ISBN978-4-16-661096-9

◆日本の歴史

◆経済と企業

平成経済事件の怪物たち　森　功
税金 常識のウソ　神野直彦
アメリカは日本の消費税を許さない　岩本沙弓
税金を払わない巨大企業　富岡幸雄
トヨタ生産方式の逆襲　鈴村尚久
VWの失敗とエコカー戦争　香住　駿
朝日新聞 日本型組織の崩壊　朝日新聞記者有志
働く女子の運命　濱口桂一郎
無敵の仕事術　加藤　崇

◆世界の国と歴史

新・戦争論　池上　彰　佐藤　優
大世界史　池上　彰　佐藤　優
二十世紀論　福田和也
二十世紀をどう見るか　野田宣雄
歴史とはなにか　岡田英弘
金融恐慌とユダヤ・キリスト教　島田裕巳
新約聖書 I　新共同訳　佐藤　優解説
新約聖書 II　新共同訳　佐藤　優解説
ローマ人への20の質問　塩野七生
民族の世界地図　21世紀研究会編
新・民族の世界地図　21世紀研究会編
法律の世界地図　21世紀研究会編
地名の世界地図　21世紀研究会編
人名の世界地図　21世紀研究会編
国旗・国歌の世界地図　21世紀研究会編
常識の世界地図　21世紀研究会編
イスラームの世界地図　21世紀研究会編
色彩の世界地図　21世紀研究会編
食の世界地図　21世紀研究会編
武器の世界地図　21世紀研究会編
戦争の常識　鍛冶俊樹
フランス7つの謎　小田中直樹
ロシア 闇と魂の国家　亀山郁夫　佐藤　優
独裁者プーチン　名越健郎
チャーチルの亡霊　前田洋平
イタリア人と日本人、どっちがバカ？　ファブリツィオ・グラッセッリ
イタリア「色悪党」列伝　ファブリツィオ・グラッセッリ
第一次世界大戦はなぜ始まったのか　別宮暖朗
イスラーム国の衝撃　池内　恵
グローバリズムが世界を滅ぼす　エマニュエル・トッド　ハジュン・チャン他
「ドイツ帝国」が世界を破滅させる　エマニュエル・トッド　堀　茂樹訳
シャルリとは誰か？　エマニュエル・トッド　堀　茂樹訳
世界最強の女帝 メルケルの謎　佐藤伸行
日本の敵　宮家邦彦

◆政治の世界

- 日本人へ リーダー篇　塩野七生
- 日本人へ 国家と歴史篇　塩野七生
- 日本人へ 危機からの脱出篇　塩野七生
- 新しい国へ　安倍晋三
- アベノミクス大論争　文藝春秋編
- 小泉進次郎の闘う言葉　常井健一
- 国会改造論　小堀眞裕
- 日本国憲法を考える　西 修
- 憲法改正の論点　西 修
- 憲法の常識 常識の憲法　百地 章
- 日本人が知らない集団的自衛権　小川和久
- 拒否できない日本　関岡英之
- 世襲議員のからくり　上杉 隆
- 民主党が日本経済を破壊する　与謝野 馨
- 司馬遼太郎 リーダーの条件　半藤一利・磯田道史・鴨下信一他
- 小沢一郎 50の謎を解く　後藤謙次
- 財務官僚の出世と人事　岸 宣仁
- ここがおかしい、外国人参政権　井上 薫
- 公共事業が日本を救う　藤井 聡
- 日本破滅論　藤井 聡・中野剛志
- 大阪都構想が日本を破壊する　藤井 聡
- 体制維新——大阪都　橋下 徹・堺屋太一
- 「維新」する覚悟　堺屋太一
- 地方維新vs.土着権力　八幡和郎
- 仮面の日米同盟　春名幹男
- 日米同盟vs.中国・北朝鮮　リチャード・L・アーミテージ・ジョセフ・S・ナイJr・春原 剛
- 「反米」日本の正体　冷泉彰彦
- テレビは総理を殺したか　菊池正史
- 決断できない日本　ケビン・メア
- 自滅するアメリカ帝国　伊藤 貫
- 郵政崩壊とTPP　東谷 暁
- 原発敗戦　船橋洋一
- 21世紀 地政学入門　船橋洋一
- 日本に絶望している人のための政治入門　三浦瑠麗
- 21世紀の日本最強論　文藝春秋編
- 政治の修羅場　鈴木宗男
- 政治の眼力　御厨 貴
- 政治の急所　飯島 勲
- 特捜検察は誰を逮捕したいか　大島真生
- 情報機関を作る　吉野 準

◆アジアの国と歴史

韓国人の歴史観　黒田勝弘
中国人の歴史観　劉　傑
中国4・0　エドワード・ルトワック　奥山真司訳
「南京事件」の探究　北村　稔
百人斬り裁判から南京へ　稲田朋美
中国雑話　中国的思想　酒見賢一
旅順と南京　一ノ瀬俊也
若き世代に語る日中戦争　伊藤桂一　野田明美（聞き手）
新　脱亜論　渡辺利夫
中国共産党「天皇工作」秘録　城山英巳
外交官が見た「中国人の対日観」　道上尚史
中国の地下経済　富坂　聰
中国人一億人電脳調査　城山英巳
緊迫シミュレーション　日中もし戦わば　マイケル・グリーン　張宇燕・春原剛・富坂聰
中国人民解放軍の内幕　富坂　聰
習近平の密約　加藤隆則　竹内誠一郎
現代中国悪女列伝　福島香織
中国停滞の核心　津上俊哉
日米中アジア開戦　陳　破空　山田智美訳
日中韓　歴史大論争　櫻井よしこ・田久保忠衛・古田博司　劉江永・歩平・金燦栄・趙甲濟・洪熒
ソニーはなぜサムスンに抜かれたのか　菅野朋子
竹島は日韓どちらのものか　下條正男
在日・強制連行の神話　鄭　大均
東アジア「反日」トライアングル　古田博司
歴史の嘘を見破る　中嶋嶺雄編
〝日本離れ〟できない韓国　黒田勝弘
決定版　どうしても〝日本離れ〟できない韓国　黒田勝弘
韓国・北朝鮮の嘘を見破る　鄭　大均　古田博司編
韓国併合への道　完全版　呉　善花
侮日論　呉　善花
朴槿恵の真実　呉　善花
「従軍慰安婦」朝日新聞vs.文藝春秋　文藝春秋編
韓国「反日」の真相　澤田克己
金正日と金正恩の正体　李　相哲
女が動かす北朝鮮　五味洋治
北朝鮮秘録　牧野愛博
独裁者に原爆を売る男たち　会川晴之

（2016.4）C

品切の節はご容赦下さい

◆考えるヒント

日本人の知らない武士道　アレキサンダー・ベネット
勝負心　渡辺　明
迷わない。　櫻井よしこ
議論の作法　櫻井よしこ
男性論　ヤマザキマリ
四次元時計は狂わない　立花　隆
ニュースキャスター　大越健介
無名の人生　渡辺京二
坐ればわかる　星　覚
中国人とアメリカ人　遠藤　滋
脳・戦争・ナショナリズム　中野剛志・中野信子・適菜　収

◆教える・育てる

幼児教育と脳　澤口俊之
子どもが壊れる家　草薙厚子
食育のススメ　黒岩比佐子
明治人の作法　横山験也
こんな言葉で叱られたい　清武英利
著名人名づけ事典　矢島裕紀彦
人気講師が教える理系脳のつくり方　村上綾一
英語学習の極意　泉　幸男
語源でわかった！英単語記憶術　山並陞一
語源の音で聴きとる！英語リスニング　山並陞一
外交官の「うな重方式」英語勉強法　多賀敏行

◆サイエンス

もう牛を食べても安心か　福岡伸一
人類進化99の謎　河合信和
インフルエンザ21世紀　瀬名秀明・鈴木康夫監修
「大発見」の思考法　山中伸弥・益川敏英
原発安全革命　古川和男
ロボットが日本を救う　岸　宣仁
巨大地震　権威16人の警告　『日本の論点』編集部編
同性愛の謎　竹内久美子
太陽に何が起きているか　常田佐久
生命はどこから来たのか？　松井孝典
数学はなぜ生まれたのか？　柳谷　晃
嘘と絶望の生命科学　榎木英介
ねこの秘密　山根明弘
粘菌　偉大なる単細胞が人類を救う　中垣俊之
ティラノサウルスはすごい　土屋　健・小林快次監修
アンドロイドは人間になれるか　石黒　浩

(2016. 4) E　品切の節はご容赦下さい

◆こころと健康・医学